文化抒怀，语文行旅

广东省中小学郑旺吉名教师工作室
「文化语文」教学成果集

郑旺吉　蔡赞生◎主编

中国文联出版社

图书在版编目（CIP）数据

文化抒怀，语文行旅：广东省中小学郑旺吉名教师工作室“文化语文”教学成果集 / 郑旺吉，蔡赞生主编. — 北京：中国文联出版社，2022.10

ISBN 978-7-5190-4975-1

Ⅰ. ①文… Ⅱ. ①郑… ②蔡… Ⅲ. ①语文课—教学研究—中小学—文集 Ⅳ. ①G633.302-53

中国版本图书馆CIP数据核字（2022）第178013号

主　　编　郑旺吉　蔡赞生
责任编辑　刘　旭
责任校对　陈　雪
装帧设计　刘贝贝　李　娜

出版发行　中国文联出版社有限公司
社　　址　北京市朝阳区农展馆南里10号　　邮编　100125
电　　话　010-85923025（发行部）　010-85923091（总编室）
经　　销　全国新华书店等
印　　刷　北京四海锦诚印刷技术有限公司

开　　本　710毫米×1000毫米　1/16
印　　张　13.75
字　　数　226千字
版　　次　2022年10月第1版第1次印刷
定　　价　58.00元

编 委 会

前 言

FOREWORD

我教育，我思考，我存在……

2018年5月以来，广东省中小学郑旺吉名教师工作室、汕尾市郑旺吉名教师创新工作室积极倡导并努力践行“文化语文”教育理念，濡养文化之根，开掘语文之美，凭着一份对教育事业的信仰，突破重重窒碍，极力展现求索者的微弱光亮。

工作室努力践行“文化语文”理念，创设各种平台，举办各种活动，传承优秀传统文化，激发学生的创作热情，促进校园文学发展。为弘扬中华优秀传统文化，推动全民阅读，建设书香校园和书香社会，工作室组织了《论语》“孝悌文化”读书会、“读‘三国’讲故事”活动、诗词吟唱会、《边城》《乡土中国》《平凡的世界》等文学名著整本书阅读研讨、“乡情”文学讲座等多种形式的活动。

工作室组织入室学员、网络学员和广大学生撰写战疫文学作品，与陆丰市作家协会联合举办陆丰市“战疫”校园文学征文比赛，并出版《笔援战“疫”——广东省中小学郑旺吉名教师工作室“抗疫”文学作品集》。各级媒体先后以《作家进校园侃写作》《诗声歌韵溢校园》《同心筑梦众行远》《当地文章家乡情》《启恩中学名师工作室推出百期“战疫”作品》为题，报道了工作室组织开展的各类活动成果和取得的社会效益。

近年来，工作室每年均联合汕尾市、陆丰市作家协会举办“作家进校园”活动，并在学校设立小作家培养基地，对提高师生文学创作水平，加强和改进校园文化建设起到重要的推动作用。陆丰市作家协会黄俊杰主席为启恩师生和工作室学员开设“一种孤独且有意义的言说”“乡土文学”等多场文学讲座，黄主席还围绕文学创作、乡土题材思考、陆丰地域特色等方面进行研讨，并指出深入了解地方文化是青年学生、文学爱好者的责任与担当，是推动陆丰乡土文化发展的前提条件。汕尾市本土知名作家到工作室做汕尾乡土文化专题讲座，畅谈汕尾、陆丰的历史变迁，展现了本地区独特的文化风貌。2020年广东省作家协会带着“红色文学轻骑兵”文学活动走进陆丰，在林启恩纪念中学举行，作家艾云、华南理工大学教授徐肖楠举办了文学创作讲座。他们结合自己创作的文学作品，讲述了散文、小说写作的方法和方式，让在场的文友、师生开阔了视野，增长了知识。

如果我们在乡土文化的细微处注意建设、引导，必将使我们的学生感悟美好的人生，培育健康向上的心灵。我们通过多种途径开展乡土文学交流活动，给学生们从小烙下乡土文化的印记，培植乡愁的基因，并从中体验别样的教育智慧。通过工作室全体成员的共同努力，我们迈出坚实的脚步，取得了初步的成绩。在这里，呈现“履迹与创新”“传承与涵育”“峥嵘与铸魂”“匠心与淬炼”等不同板块的文化内容，期待您的批评与指点。

行行重行行，漫游传统文化、革命文化和社会主义先进文化，感受中华文明脉搏的烈烈跳动，“一弹戏牡丹，一挥万重山；一横长城长，一竖字铿锵”，深爱这土地，深爱这文化！

我们胸怀教育理想，肩负课改使命，跋涉而行，任重道远。在新时代教育的征程上，我们会继续奋然前行，我们一直在路上……

郑旺吉　蔡赞生

2021年12月26日

目　录

CONTENTS

第三辑　峥嵘与铸魂

第四辑　匠心与淬炼

第一辑

履迹与创新

汇聚星火　淬就特色

——广东省中小学郑旺吉名教师工作室研修特色成果纪实

广东省陆丰市林启恩纪念中学　蔡赞生

清代袁枚有诗曰：“白日不到处，青春恰自来。苔花如米小，也学牡丹开。”广东省中小学郑旺吉名教师工作室的成立，正是凭着一份对教育事业的信仰，突破重重窒碍，极力展现求索者的微弱光亮。

自2018年4月工作室挂牌成立三年来，工作室同仁对话名师，组织跟岗学习，开展了一系列行之有效的理论学习、教学研讨、课堂观摩、主题沙龙、专家讲座和网络研修等教育教学理论学习和实践研究，促进学员专业成长以及名师自我提升，并形成工作室的研修特色成果。

一、文化语文，实践育人

广东省中小学郑旺吉名教师工作室努力践行“文化语文”理念，深入挖掘语文课程的文化内涵，希望以此带动、引领学生积极认真地学习古今中外优秀文化，拓宽他们的文化视野和思维空间，增强他们的使命感和责任感。工作室创设各种平台，举办各种活动，传承祖国优秀文化，促进校园文化发展。工作室主持人郑旺吉老师认为，博大精深、灿烂辉煌的中华文明传承了几千年，在我们这一代人身上更应该得到传承与弘扬。

经过对新课程标准和新课程改革的深入研究，工作室团队形成以下共识：语文教育必须抓住语文课程对文化的继承和弘扬、培养文化自信、推动文化创新发展的优势，加强学生对中华优秀传统文化、革命文化和社会主义先进文化的深入学习和思考，使他们形成正确的世界观、人生观和价值观，从而充分发挥语文课程的育人功能，达到立德树人、增强文化自信的目标。

三年来，工作室团队积极践行“文化语文”教育理念，无论是在课堂教学上、课外活动中，还是工作室集中研修，都以“文化”为核心主题，在传统文化、乡土文化、红色文化和“战疫文化”等方面，注重文化内涵与语文教育的融合。工作室先后组织了《论语》“孝悌文化”读书活动、“读‘三国’讲故事”活动、“汕尾诗社进校园”活动，参与汕尾诗社“庆国庆，贺中秋”诗词吟唱会；组织了《边城》《乡土中国》《平凡的世界》等文学名著整本书阅读研讨活动、“乡情”文学讲座和创作活动；组织“作家进校园”活动，参与汕尾市作家协会主办的“文化之旅”“红色之旅”等文化采风活动。疫情防控期间，工作室创新“战疫”示范方式，以“文化抒怀，共同战疫”为主题，开展线上集中研修，推出“战疫作品”专辑；开展“众志成城抗疫情”陆丰市校园文学主题征文比赛，并编辑出版《笔援战“疫”——广东省中小学郑旺吉名教师工作室“抗疫”文学作品集》，编发《郑旺吉名教师工作室疫情防控期间线上研修活动剪影》宣传画报，表达大家战疫必胜的信心，同时，这些活动也取得了良好的社会效益。

为了宣扬“文化语文”教育理念，使之发挥示范辐射作用，工作室先后出版了《乡情植入校园，妙笔描绘家乡——陆丰市林启恩纪念中学“乡情文化”文学作品展》《濡养文化之根，开掘语文之美——广东省中小学郑旺吉名教师工作室“文化语文”教学成果汇报展示》等宣传展板和《文化抒怀，共同战疫——郑旺吉名教师工作室疫情防控期间线上研修活动剪影》宣传画册，并撰写相关论文，拟出版《文化抒怀，语文行旅——广东省中小学郑旺吉名教师工作室“文化语文”教学成果集》。

围绕“文化语文”教学理念，工作室团队通过理论学习和实践操作，经过不断深入研究，构建和凝练出了各具特色的教育教学风格和方法，如蔡赞生老师的“文学素养积淀之现代诗歌比对读写教学法”，林传名老师的“新课标背景下整本书阅读指导法”，谢础惠、叶秋娜的“高中写作教学思维导图应用”等特色教法，这些方法在教学实践中取得了丰硕的成果。

二、作家进校，传播文学

为了传播、弘扬“文化语文”教学理念，郑旺吉名教师工作室联合汕尾市作家协会、陆丰市作家协会开展一系列“作家进校园”活动。

工作室邀请陆丰市作家协会主席黄俊杰为启恩中学师生和工作室学员开设题为“一种孤独且有意义的言说”文学讲座。师生们在黄俊杰主席的讲座中学到了方法，感受到了力量，感悟到了他对理想的不懈追求和对文学的永久向往。工作室邀请汕尾市作家协会主席王万然作汕尾乡土文化专题讲座，带入汕尾、陆丰的风物人情和古今名人，从地理环境及人文特点、丰厚多样的历史文化和多元包容的文学特征等方面较为全面地介绍了本地文化的形成与发展、内容与形式等情况，展现了本地区独特的文化风貌，使在场师生真切感受到汕尾乡土文化的广博与浩瀚。

工作室联合两地作家协会集中开展“诗歌比对读写的有效探索”专题研讨。研讨活动以工作室助手蔡赞生诗作《携带的诗只为了长夜》切入主题，分析探讨了现代诗歌教学存在的问题，强调加强现代诗歌教学是青少年健康成长的需要。工作室主持人郑旺吉主讲语文主题学习《现代诗歌赏读之“遇见”》，结合自己的生活阅历，与学生分享自己的“初遇”情结；通过情境创设、感情朗读、意象感受、拓展延伸等方法，提升学生在诗歌阅读学习中的思维运行、审美体验。

郑旺吉名教师工作室联合陆丰市作家协会设立“陆丰市启恩中学小作家培养基地”，勉励学生将文化自信根植内心，筑牢理想信念之基，培植文学创作力量，放飞青春梦想。工作室组织开展多次文学采风活动，如走进陆丰西南镇马鞍山村等地，听取文化人讲述当年各地热血青年闹革命，建立村农会、组建赤卫队的红色历史；瞻仰赤卫队练兵场旧址、西炮台、马鞍山十八烈士纪念碑、金厢红色纪念馆、周恩来渡海处等各地革命遗址。

2020年年初疫情防控期间，工作室组织入室学员、网络学员和广大学生撰写“战疫”文学作品，与陆丰市作家协会联合举办陆丰市“战疫”校园文学征文比赛，引领全市高中学生书写自己在防控新冠肺炎疫情中的经历与感受，书写奋战在疫情防控一线的先进人物与感人事迹，传播正能量，表现真感情，鞭挞假丑恶，讴歌人间大爱。征文作品由陆丰市作家协会、广东省中小学郑旺吉名教师工作室组织有关作家、教师进行评选，优秀作品通过工作室微信公众号平台进行推送，并由《陆丰文学》结集出版。同时，工作室独立编撰出版《笔援战“疫”——广东省中小学郑旺吉名教师工作室“抗疫”文学作品集》，以此传播“战疫文化”，增强大家战“疫”必胜的信心。

三、文学活动，熔炼青春

工作室依托林启恩纪念中学的“绿之梦”文学社多次开展文学创作指导活动，由全国模范教师、广东省中小学名教师工作室主持人、陆丰市作家协会会员郑旺吉老师和广东省作家协会会员、中国诗歌学会会员、工作室助手蔡赞生老师担任指导老师。

“绿之梦”文学社坚持以“活跃校园文化、繁荣校园文学、培育文学新苗”为宗旨，定期或不定期开展各项文学活动，举办文学讲座、文化采风和校园文学创作，鼓励社员参加各级各项征文比赛，向各级各类报刊投稿。文学社创办以来，通过作文比赛、读写辅导、文学研讨和校外采风等途径，激发社员阅读和写作的兴趣，培养了一批批文学新人，社员的作品在全国、省、市等征文比赛中屡屡获奖，并在省市级别的校园文学刊物上发表，数量可观，质量上乘。

在郑旺吉名教师工作室团队的悉心指导下，陆丰市林启恩纪念中学“绿之梦”文学社不断创新校园文学活动方式，组织线上读写活动、文化采风活动、“作家进校园”活动和设立“小作家培养基地”等，极大地激发了社员的读写兴趣，提升了社员的文学素养，同时，文学社也取得了良好的文学教育效果。《汕尾日报》等媒体先后以《读书乐　乡土情》《作家进校园侃写作》《当地文章家乡情》《陆丰市作家协会联合启恩中学设立培养基地开展采风活动》等为题对在郑旺吉名教师工作室指导下的“绿之梦”文学社近年来开展的校园文学活动和取得的文学教育效果进行专题报道。

专业研修是一种促进和提高，是“一朵云推动另一朵云”。在三年的研修活动中，郑旺吉名教师工作室的学员们在专业成长的舞台上悉数登场，将如何打造一支团结向上、共同进步的团队展现得淋漓尽致，形成自己独特的研修特色，在汕尾地区起到很好的示范辐射作用，演绎着精彩的教育故事，为陆丰市、汕尾市、广东省的教育事业做出应有的贡献。

（本文于2021年4月21日刊发于《陆丰文学》，2021年5月刊发于《中国名师工作室名录》和“名师工作室网”）

同心筑梦众行远

——陆丰启恩中学广东省名教师工作室侧记

广东省陆丰市林启恩纪念中学　蔡赞生

陆丰启恩中学广东省中小学郑旺吉名教师工作室成立一年多来，对话名师，组织跟岗学习，“采他山之玉，纳百家之长”；开展访问交流，“切磋砥砺求精进，取长补短逐臻善”；举行诗歌教学主题研讨，“拥抱诗意人生，点燃激情课堂”；观摩文学活动，分享读写乐趣……通过开展一系列行之有效的理论学习、教学研讨、课堂观摩、主题沙龙、专家讲座和网络研修等活动，促进了学员的专业成长以及名师的自我提升。

一、专家引领，促进发展

名教师工作室学员跟岗培训开班后，邀请各地名家十多人次到校授课，为学员指点迷津。

华南师范大学博士宋春燕为工作室学员和学校语文教师开设题为“生涯教育与专业成长”的讲座，分别从“基于问题的思考”“我需要生涯教育么”“生涯教育行动”三大方面进行阐述。宋博士引导教师们对生涯教育的再认识，通过理论联系实际，为他们打开视野、开阔思路，让他们对生涯教育的理论和行动有了全面认识。

汕尾市作家协会主席王万然到工作室做汕尾乡土文化专题讲座。他在讲座上畅谈汕尾、陆丰的历史变迁，述说清雍正九年（1731），析海丰县东部三都建置陆丰县，属惠州府的历史。

汕尾日报社主任编辑黄俊杰也为启恩师生和工作室学员开设题为“一种孤独且有意义的言说”文学讲座，有理论、有实例、有剖析、有建议。师生们在黄老师的讲座中学到了方法，感受到了他对理想的不懈追求和对文学的永久向往。

二、学员研讨，专业提升

工作室集中开展《诗歌比对读写的有效探索》专题研讨。研讨活动以成员诗歌作品《携带的诗只为了长夜》为切入主题，分析探讨了现代诗歌的教学存在的问题，并强调加强现代诗歌教学是青少年健康成长的需要。

诗歌教学主题学习研讨的重头戏是郑旺吉主讲语文主题学习《现代诗歌赏读之“遇见”》，为工作室学员做示范教学。

在学员跟岗活动中，工作室学员轮番上场，多个课题，多种课型，引导学生多方面、多角度展开阅读与探究。

三、联谊研修，校际交流

带着各自的教育思考和共同的教育梦想，郑旺吉名教师工作室团队多次“走出去”“请进来”，到兄弟学校、到各地各级名教师工作室交流学习，开阔视野；同时，我们还邀请外市名教师工作室团队到我校传经送宝。工作室学员通过与外校和其他工作室的联谊研修，在互动交流中磨砺，在不断磨砺中成长。

工作室学员跟岗研修期间，工作室团队先后到海丰县彭湃中学与海丰县高中语文学科基地就“以生为本”的课堂教学模式进行交流，到陆丰市碣石中学与学校领导和语文教研组老师就“每节课我们给了学生什么”的思考进行交流。

工作室学员海丰县彭湃中学的谢老师说：“（交流学习活动）使我清晰地明确了评课的方法和要素，提升了我评课的水平，更给日后的教学教研提供了宝贵的经验。”

郑旺吉名教师工作室在顺德区杏坛中学参加陆丰、顺德、佛山三地联合开展的教育教学活动，与当地语文教育名家交流研讨，并参访当地名教师工作室。

汕头市澄海中学组织省名教师工作室到林启恩纪念中学，与广东省中小学郑旺吉名教师工作室互动互学，开展访问交流活动，促进了学员间的思维碰撞，拓展了教学视野。

四、送教下乡，资源共享

一年多来，工作室成员先后赴陆丰市东海第二中学、东海龙潭中学、利民中学、潭西第二中学、博美中学、南塘中学、东海中学、思博学校等开设作文辅导专题讲座，充分展示了工作室主持人和成员教师扎实的教学技能、良好的语文素养。讲座过程中，两位主讲教师与各所学校听课师生交流深入，氛围融洽，达到了优势互补、共同提升的送课交流目的。

工作室团队到陆丰市内湖中学送教送研。工作室学员为该校九年级学生展示了精彩的研讨课，工作室主持人郑旺吉老师为该校教师开设了“教师怎样做课题研究”专题讲座，使听课教师们明确了教育科研课题的申报程序、研究方法、材料整理和研究方向等。

工作室到韶关市乳源高级中学，为高二师生送教《多则材料作文审题立意指导之互补叠加》，并与该校语文组教师就高中作文教学进行了热烈的互动研讨。工作室还到汕头市潮南区峡山南里棉岭学校，参加“2019年汕头送教交流活动”，为该地九年级学生和与会教师开设《中考记叙文写作指导：内容具体，感情真挚》示范课。

五、写作培养，熔炼青春

一年来，工作室努力践行“文化语文”理念，创设各种平台，举办各种活动，传承优秀传统文化，激发学生的创作热情，促进校园文学发展。为弘扬中华优秀传统文化，推动全民阅读，建设书香校园和书香社会，工作室发动各学员教师积极组织所在学校师生参加了第一届“清玄杯”全国中小学校公益朗读大赛，并获优秀组织奖。

工作室组织举行了优秀童谣传唱比赛。选手们以纯真的声音和向上的精神风貌演绎了《螺河水，清又长》《好家风代代传》等一首首优美动听的童谣，表达了他们热爱家乡、赞美生活的心声。

工作室还联合汕尾市作家协会、陆丰市作家协会开展“作家进校园”活动。工作室指导下的“绿之梦”文学社近年来围绕“提升文学素养，培育心智涵养”开展内容丰富、形式多样的校园文学活动。

（本文于2019年8月25日刊发于《汕尾日报》）

作家进校园侃写作

——启恩中学与陆丰市作协积极互动

广东省陆丰市林启恩纪念中学　蔡赞生

11月17日，陆丰市启恩中学联合陆丰市作家协会开展“作家进校园”活动。

启恩中学领导对作家们进入校园开展交流活动表示热烈欢迎，认为此次活动的举办为启恩中学师生送来了一份珍贵文学盛宴，提供了一次难得的学习机会。培德离不开文学教育，益智离不开文学教育，审美离不开文学教育。通过作家进校园活动，可以促进校园文学的健康发展，同时，作家进校园活动是实施素质教育的重要途径。我们希望通过这次活动使文学创作在学校师生中得到推广，营造良好的校园文化氛围。

会上，启恩中学“绿之梦”文学社的指导老师郑旺吉介绍了文学社近年来围绕“提升文学素养，培养心智涵养”开展的各项有效活动。陆丰市作家协会主席黄俊杰为启恩师生和广东省中小学郑旺吉名教师工作室学员开设了题为“一种孤独且有意义的言说”文学写作专题讲座。在讲座中，他结合自身创作和编辑稿件的实践，联系作者创作中面对的实际问题进行讲解。讲座持续近两个小时，有理论、有实例、有剖析、有建议，既深入浅出，又贴近师生实际，整个过程精彩纷呈，高潮迭起。

作家代表陈老师在会上发言，畅谈读书、写作的体验。他就如何提升阅读品味、拓展写作思路的问题进行分析，建议要“读写共生”，汲取知识养分，逐渐形成自己的文化眼光。

启恩中学“绿之梦”文学社的社员为作家们献上一台《我为祖国点赞》的

精彩朗诵。同学们新颖的诵读形式，高超的朗诵水平，富有表现力、感染力的表演设计，赢得全场作家与师生阵阵热烈的掌声。师生反映，通过举办活动，他们在文学教育和诗文诵读中领略了文化的魅力，激发了自身的创作热情，感受到了作家们对理想的不懈追求和对文学的永久向往。

（本文于2018年11月18日刊发于《汕尾日报》）

诗声歌韵溢校园

——陆丰市启恩中学现代诗歌教学主题研讨活动侧记

广东省陆丰市林启恩纪念中学　蔡赞生

日前，陆丰市林启恩纪念中学借助省级名教师工作室平台，以课题研究、专题讲座、名师示范、师生读写等形式，开展丰富多彩的现代诗歌教学主题学习研讨活动。

一、现代诗歌作用大

林启恩纪念中学广东省中小学郑旺吉名教师工作室开展“现代诗歌比对读写的有效探索”专题研讨。

研讨活动以工作室成员诗作《携带的诗只为了长夜》为切入主题，首先分析探讨了现代诗歌教学中存在的问题，指出在中学语文教育中，相比古典诗歌而言，现代诗歌似乎更难理解，也更难讲解，所以“读不懂”“讲不好”的问题在现代诗歌教学中普遍存在，现代“诗教”也成了很多教师颇感棘手的教学难题。大家共同剖析产生这种现象的原因，一方面是文体的陌生转换，另一方面是教师的学识修养有所欠缺。现代诗这种现代艺术是现代人把握事件的一种方式，如果我们忽略了它，对青少年审美意识的培养是很不利的。如果课堂上没有很好的诗歌教学也有愧于学生，也不利于诗歌的发展，更不是一个诗歌王国所应该有的现象。因此，加强现代诗歌教学是青少年健康成长的需要。大家认为，许多作家是从爱好诗歌逐步走向文学的殿堂的，诗歌还在潜移默化中对提炼语言、营造场景氛围方面起了作用。

二、“遇见”主题巧导入

现代诗歌教学主题学习研讨的重头戏是广东省中小学郑旺吉名教师工作室主持人郑旺吉主讲语文主题学习《现代诗歌赏读之“遇见”》，他为工作室学员做了示范教学。

郑旺吉从中央电视台《朗读者》“遇见”主题导入，引导学生反复诵读诗句，利用各种现代教学手段，视听结合，营造一种美丽的“初相遇”情境；并结合自己的生活阅历，与学生分享自己的“初遇”情结；通过情境创设、感情朗读、意象感受、扩展延伸等方法引导学生深入文本，品味并感受诗歌中丰富的意象内涵、优美的语言、蕴含的深情，借此提升学生在诗歌阅读学习中的思维运行、审美体验和文化熏陶。同时，引领学生讨论探究：这是一首爱情诗，还是一首哲理诗？诗中“美丽的梦”和“初相遇”究竟所指为何？生活中是否也有这样的情境？“初相遇”是怎样的一种情怀？每个人都有着一种初遇情结，而诗人给它以诗意的注释，让人感觉到“初相遇”的美丽、温馨和浪漫。

课堂中，郑老师布置学生以“遇见”为主题，写一段抒情性文字（100至200字），以检验课堂学习效果。学生踊跃展示自己的课堂学习成果。

三、朗诵比赛引共鸣

“2019年将近，新的一年，新的启程，中国蓄势待发，请容我呐喊一声：中国，我为你自豪！”

“古有四大发明名震中外，今有四大名片举世瞩目，这些辉煌成就的取得，是一个现代化强国崛起的象征，这些亮丽的名片背后，是中国人民为之不懈努力的艰辛。厉害了，我的中国！厉害了，我的中国人民！”

“有一种风光叫中国的大好河山，有一种进步叫中国的突飞猛进，有一种骄傲叫我是中国人！”

……

在启恩中学的道德讲堂内，一场精彩纷呈的现代诗歌朗读比赛激烈地进行着。朗读比赛主题为“我为祖国点赞”。

比赛采用晋级制，经过初赛的角逐，有十名选手进入决赛。选手个个精神饱满，意气风发，全身心投入到比赛中。参赛选手的演讲，或低回婉转，或气势恢宏。

决赛评出一等奖一名、二等奖二名、三等奖三名。获奖同学以一段段文辞优美的叙述展现了自己高超的口语表达能力，赢得了观众的阵阵掌声。

（本文于2019年1月13日刊发于《汕尾日报》）

当地文章家乡情

——陆丰作协与陆丰启恩中学联合开阔学生文学视野

广东省陆丰市林启恩纪念中学　蔡赞生

“抚摸古墙留影，镜头定格的画面温暖而纯真……”“极目远眺，广博而丰美的博美镇尽收眼底……”陆丰作协最新一期的《陆丰文学》刚发到学生手里，部分班级的学生就在课室里声情并茂地朗读起来。这是陆丰作协与陆丰启恩中学郑旺吉名教师工作室联合，将当地作家写当地文化景物的作品作为校本文化教材丰富学生课余生活的一个剪影。

长期以来，陆丰市启恩中学积极开展乡情文化教育，进一步优化资源，创新载体，扩大影响，创建特色文化展示“窗口”，并取得了一定成效。该校坚持以“活跃校园文化、繁荣校园文学、培育文学新苗”为宗旨，培养了一批批文学新人，该校的文学社也被评为广东省优秀中学生文学社。

近年来，启恩中学与汕尾市作家协会、陆丰市作家协会联合举办多场“作家进校园”活动，开设文学讲座进行文学交流，启恩师生有机会与名家“零距离”接触。

广东省郑旺吉名教师工作室积极组织“绿之梦”文学社活动，为文学社全体成员开设乡土文学专题讲座，辅导学生如何体验生活，快乐阅读，坚持练笔，让学生明白俯身从身边仔细寻找美丽的事物，去发现自己美丽的家乡，从而激励青少年求真、向善、爱美，热爱家乡，热爱祖国。

在这一系列的文学活动中，最值得称道的是开展读书活动，培养乡土情怀。为了使同学们更加了解家乡的风土人情，掌握乡土文学创作方法，“绿之梦”文学社出版《“我爱家乡”文学作品剪报》。每一期《陆丰》副刊和《陆丰文学》出版发行后，指导老师便马上组织文学社开展读书活动，指导社员学习、鉴赏汕尾市和陆丰市本土作家精彩纷呈的文学作品。

（本文于2019年11月3日刊发于《汕尾日报》）

让文学浸润年轻心灵

——省作家协会“红色文学轻骑兵”文学活动走进启恩中学

广东省陆丰市林启恩纪念中学　蔡赞生

近日，由广东省作家协会主办、陆丰市作家协会协办、广东省陆丰市林启恩中学承办的“红色文学轻骑兵”文学惠民活动在林启恩纪念中学举行。

开展“红色文学轻骑兵”文学惠民活动，是贯彻落实习近平总书记关于乌兰牧骑重要指示精神和中宣部关于广大文艺工作者努力做新时代“红色文艺轻骑兵”的号召的具体行动，旨在培养文学新人，推动文学事业的进一步发展和繁荣。

在文学讲座上，国家一级作家艾云，华南理工大学教授、作家徐肖楠分别做了“历史人物散文写作方法”和“小说写作的艺术性”创作专题讲座。他们结合自己创作的文学作品，讲述了散文、小说写作的方法和方式，文学理论联系作品实例，让在场的文友们开阔了视野，增长了知识。

该校领导在活动中指出广东省作家协会“红色文学轻骑兵”文学惠民活动走进陆丰，走进启恩中学，对于激发本地更多的文学爱好者、青少年作家“深入生活、扎根人民”，深挖本土文学创作资源，创作更多以人民、以红色陆丰为中心的文学作品，对培养更多本土文学新苗，提高作家的创作水平，具有重大的意义。

据了解，启恩中学历来重视打造书香校园品牌，力求从“文”字入手，坚持以文化育人，把文化浸润、书香校园目标落实在学校工作的各个环节、各个方面，形成了红色乡情教育、感恩教育、道德讲堂、自主实践几大文化特色，为构建书香校园、和谐校园提供了强有力的保证。学校的“绿之梦”文学社成立以来，坚持以“活跃校园文化、繁荣校园文学、培育文学新苗”为宗旨，培养了一批批文学新人，曾被评为“广东省优秀中学生文学社”。作为陆丰作家协会小作家培养基地，该校将长期与各级作家协会紧密联系合作，共同致力于文化活动的开展。

省作协讲座之后，陆丰市作协组织部分文学爱好者深入甲西镇博社村的金狮滩、后山公园革命遗迹、五马拖车建筑群等地，就乡村振兴、古村落、红色革命题材等内容进行文学采风。

（本文于2020年11月15日刊发于《汕尾日报》）

陆丰市作家协会联合启恩中学设立培养基地开展采风活动

广东省陆丰市林启恩纪念中学　蔡赞生

日前，陆丰市作家协会与启恩中学联合举办“作家进校园”活动，并设立“陆丰市启恩中学小作家培养基地”，该市文联领导，该市作家协会会员代表，以及启恩中学“绿之梦”文学社师生代表参加活动。启恩中学陈校长认为，陆丰市作家协会与启恩中学联合开展“作家进校园”文学交流活动，举行小作家培养基地揭牌仪式和组织文化采风活动，对提高师生文学创作水平，加强和改进校园文化建设必将起到重要的推动作用，希望通过活动使文学创作在学校师生中得到推广，营造良好的校园文化氛围。勉励学生将文化自信根植内心，筑牢理想信念之基，培植文学创作力量，放飞青春梦想；要激发自己的文学热情，不断锻炼自己写作的创新思维品质和母语表达能力，同时，享受文学写作的快乐。陆丰市作家协会主席介绍了该市作协自2013年成立以来与各地学校互动交流的情况，认为文学艺术是最好的素质教育，可以拓展人生、省察人生、滋养人生，对提升语文素养和形成个性特长都有不可估量的价值。

当天下午，陆丰市作家协会与启恩中学联合开展采风活动。他们一行40多人走进陆丰西南镇马鞍山村，听取该村文化人讲述当年马鞍山村热血青年跟随彭湃、张威闹革命，建立村农会、组建赤卫队，在海陆丰革命武装的统一指挥下，攻上沙、战昂塘、参加洗鱼溪阻击战的红色历史，并瞻仰了赤卫队练兵场旧址、西炮台和马鞍山十八烈士纪念碑等革命遗址。

据了解，近年来陆丰市作家协会组织作家走进基层、走进校园，旨在通过作家的引领示范活动，让更多的师生积极参与到文学创作中来，激发师生的读书和写作热情，增强他们的文化自信。

（本文于2020年1月5日刊发于《汕尾日报》）

传承与涵育

第二辑

践行“文化语文”理念，诵读文学经典美文

——郑旺吉名教师工作室举办高一年级文学经典美文朗诵比赛

广东省陆丰市林启恩纪念中学　蔡赞生

12月5日上午，广东省中小学郑旺吉名教师工作室在教工会议室举办高一年级文学经典美文朗诵比赛，这是我校“文化语文”读书活动的重要内容之一。

朗诵比赛由学校教导处和语文教研组组织策划。语文教研组组长黄泽镍老师在活动致辞中指出：近年来，我校倡导“文化语文”教学理念，在广东省中小学郑旺吉名教师工作室的引领下，从文化视野的角度考察和解读语文，重视语文教育过程中的文化内容和人文情怀，挖掘语文教育中蕴含的文化内涵，在语文教育中让学生充分理解和体验中华优秀传统文化、革命文化和社会主义先进文化，感受民族文化的博大精深，树立民族自信心和自豪感，更深层次地寻找文化的审视点，呈现语文学习的文化底蕴，传承语文学习的文化质感。

参赛选手们深情朗诵一篇篇经典文学作品，与大家一起品味高雅文化，弘扬民族精神，抒发爱国情怀。活动在朗诵《诗经·蒹葭》中拉开帷幕，《将进酒》《短歌行》《念奴娇·赤壁怀古》等古代经典作品和《你是人间的四月天》《我是一个任性的孩子》《明天醒来我会在哪一只鞋子里》《祖国，一首唱不完的恋歌》等现当代作品在选手们声情并茂的朗诵下，引发了评委老师和现场观众的情感共鸣，赢得阵阵热烈的掌声。

广东省中小学名教师工作室主持人郑旺吉老师对选手们的朗诵进行了点评。他指出：选手们声情并茂的精彩朗诵给评委老师和现场观众留下了深刻的印象。从朗诵的篇目选择上来说，朗诵的作品都是思想情感积极向上、催人奋

进的，无论是诵读者还是聆听者都能从中汲取心灵的养分；从诵读技巧上来说，参赛选手都能准确地把握作品的内容，透彻地理解作品的思想感情，恰当地运用停顿、重音、语速、语调和肢体语言等手段，引发听众的情感共鸣。针对个别选手朗诵时在表演和艺术方面的不足，郑旺吉老师也提出了建议。

郑旺吉老师还指出：学校举办诗文朗诵活动，是“文化语文”教育理念的重要实践，同时体现了我校“在全面发展的前提下鼓励创新，在合格达标的基础上支持冒尖，在规范和谐的氛围中发展个性”的办学方针。学校将继续举办“文化语文”系列活动，让同学们感悟、浸润文化的同时，进一步确立文化自信，增强民族自豪感，增进爱国情怀，树立高尚品德。

惟精惟新，传承中国传统文化

——参加广东省中小学德育管理干部暨骨干班主任培训心得

广东省陆丰市林启恩纪念中学　吴振涛

2018年5月13日，广东省中小学德育管理干部暨骨干班主任培训团在广东省德育研究与指导中心王颖教授的带领下开启了厦门培训考察之旅。

5月14日，我们来到了厦门实验中学。厦门实验中学是厦门市政府为实施“美丽厦门”战略规划、岛内外一体化、厦漳泉三地同城化而新建的完全中学，是厦门市直属公办学校，位于厦门市新中心城区。学校占地面积10.3万平方米，建筑面积6.2万平方米。学校与中国教育科学研究院、中国戏曲学院合作办学，研究实验基础教育的新方法、新模式，形成了数字人实验班、京剧班、“2+4”学制、三维五步教学法等富有学校特色的精新教育体系。其目标是办成厦门一流、省内外知名的现代化、实验性、示范性、国际化学校。

接待我们的广东省中小学德育管理干部暨骨干班主任培训团的邹标副校长为我们做了“精新教育思想下的学校德育工作”的讲座。该校秉承“精新教育”思想，营造惟精惟新的校风、善学善教的教风、惟志惟勤的学风，创办了特色校本课程——戏剧，以传承中国国粹京剧文化。

为了确保特色课程的顺利开展，学校每年专门聘请北京的专业戏曲教师，由专业的戏曲教师每学期定期对教师进行京剧文化与实践的培训，并在文化课程教学中融入京剧教学。

讲座结束后，学校开放了四节京剧课供我们观摩。专业的戏剧教师带着学生在课室上京剧唱腔课、形体课，一招一式都非常严格和规范。甚至每一个细节、每一个眼神都有讲究。教师体现出来的专业，学生表现出来的专注，让听课的我们也感受到京剧浓浓的艺术魅力。技术专业精湛的老师们手把手教孩子们，要求孩子们夯实说、唱、走、跑、打等基本功，一举手一投足之间动作都要专业，要深刻领会剧中人物的精气神。正如教形体课的一位专业教师所说："我们学习京剧不一定是为了要当专业京剧演员，但我们一定要学会京剧的精髓，就是在举手投足之间，要体现出人的精气神来！"

欣赏完京剧课后，我们参观了厦门实验中学的校园文化建设。校园文化是学校的灵魂和生命力所在。厦门实验中学就是将京剧的元素也融入校园文化的建设中，漫步在校园中，我们也能深深地感受到这种国粹文化，扮相、服装、脸谱、道具、武打等京剧元素遍布学校的每个角落。

此番厦门实验中学之行，让我深有感触。党的十九大报告提出："文化兴国运兴，文化强民族强。没有高度的文化自信，没有文化的繁荣兴盛，就没有中华民族伟大复兴。""中国特色社会主义文化，源自于中华民族五千多年文明历史所孕育的中华优秀传统文化，熔铸于党领导人民在革命、建设、改革中创造的革命文化和社会主义先进文化，植根于中国特色社会主义伟大实践。"讲清楚了我们文化的根脉、本原。我们要坚守中华文化的立场，善于从中华优秀传统文化中汲取资源，古为今用。

京剧是中国的"国粹"，已有约180年的历史，是中国最大的戏曲剧种。其剧目之丰富、表演艺术家之多、剧团之多、观众之多、影响之深均为全国之冠。而厦门实验中学创办的特色校本课程——戏剧，传承中华优秀传统文化，既是学习贯彻十九大精神的生动体现，也是厦门实验中学打造"现代化、实验性、示范性、国际化"学校，实施"文化育人"的自觉行动，对十九大精神中"弘扬中华优秀传统文化"做出了最好的诠释。

文化是民族的血脉，是人民的精神家园。文化自信，是更基础、更广泛、更深厚的自信，是更基本、更深沉、更持久的力量。

语文主题学习：现代诗歌赏读之“遇见”

广东省陆丰市林启恩纪念中学　郑旺吉

一、每日成语学习

《汉书·郊祀志下》：“听其言，洋洋满耳，若将可遇；求之，荡荡如系风捕景，终不可得。”

请同学们从中找出一个成语。

可遇而不可求：比喻任何美好的东西只能等待，该是你的只要通过努力抓住时机即会得到；不该是你的则不可强求，即使勉强得到了也终会失去。

二、导入学习内容

古往今来，有太多太多的文字，描写了各种各样的遇见：

“蒹葭苍苍，白露为霜。所谓伊人，在水一方。”——这是拨动心弦的遇见。

“这位妹妹，我曾经见过。”——这是宝玉和黛玉初见面时欢喜的遇见。

“幸会，今晚你好吗？”——这是《罗马假日》里安妮公主糊里糊涂的遇见。

“遇到你之前，我没有想过结婚，遇到你之后，我结婚没有想过和别的人。”——这是钱锺书和杨绛之间决定一生的遇见。

“遇见仿佛是一种神奇的安排，它是一切的开始。”——这是中央电视台《朗读者》第一期“遇见”的开篇语。

在现代诗歌里，在诗人心中，“相遇”又是怎样的感受呢？

让我们一起赏读我国著名女诗人席慕蓉的《初相遇》。

三、诗歌作者简介

席慕蓉，1943年出生，蒙古族，当代画家、诗人、散文家。著有诗集、散文集、画册及选本等五十余种。《七里香》《无怨的青春》《一棵开花的树》等诗篇脍炙人口，成为经典。

四、师生朗读品味

初相遇

席慕蓉

美丽的梦和美丽的诗一样
都是可遇而不可求的
常常在最没能料到的时刻里出现

我喜欢那样的梦
在梦里
一切都可以重新开始
一切都可以慢慢解释
心里甚至还能感觉到
所有被浪费的时光
竟然都能重回时的狂喜与感激

胸怀中满溢着幸福
只因你就在我眼前
对我微笑，一如当年
我真喜欢那样的梦
明明知道

你已为我跋涉千里
却又觉得
芳草鲜美，落英缤纷
好像你我才初初相遇

五、意蕴探究、赏析

这是一首爱情诗？哲理诗？你是否读出这首诗的深刻意蕴？

六、主题拓展阅读

（一）欣赏《怨苍天变了心》歌词

怨苍天变了心

如果让我遇见你　而你正当年轻
用最真的心　换你最深的情
如果让你遇见我　而我依然年轻
也相信永恒是不变的曾经
如果让我离开你　而你已能平静
只愿你放心　也不要你担心
如果让你离开我　假装我也平静
就算是伤心也当作是无心
时空阻隔岂止长路迢迢
情丝缠绕岂是长发飘飘
那红尘俗世的人　为什么总是多情惹烦恼
本是云该化作雨　投入海的胸襟
却含着泪水　任孤独地飘零
本是属于我的你　同把人生看尽
却无缘再聚　怨苍天变了心

（二）赏析现代诗歌《每次醒来都是新生》

每次醒来都是新生

蔡赞生

每次醒来都是新生
完全忘记了前世
仿佛昨天从来就不曾有过相遇
仿佛从来就不曾有过任何的决定

那阵晕眩，错乱时空
不安的潮水，依然涌动
却不再唱着那支苦涩的歌
我听到了太阳冉冉升起的声音
鸟儿在日光中迂回
种田人弯腰任风滑过田埂
顶上的草帽
是我虚构的一次经历

每次醒来都是新生
醒来是一种温暖
也是一种惶惑
任性的手指摆布一种情绪
仿佛还有声音吹拂
一种色彩，和一个形象扑面袭来
在那沉醉之后，享受从未享受过的
重生，任花洒
反复浇灌我热腾的心灵

每次醒来都是新生

完全忘记了前世
仿佛信手拈来的花枝
看垒巢的雏鸟
从灰烬纷扬中破土而出

（三）深入讨论探究

《怨苍天变了心》歌词中唱道：“如果让我遇见你，而你正当年轻。用最真的心，换你最深的情。如果让你遇见我，而我依然年轻，也相信永恒是不变的曾经……”

现代诗《每次醒来都是新生》写道：“每次醒来都是新生，完全忘记了前世。仿佛昨天从来就不曾有过相遇……”

结合对席慕蓉《初相遇》的赏读品味，你是否对“遇见”有了新的体悟？请你与老师和同学们交流分享。

七、学习效果检测

赏读了现代诗歌《初相遇》《每次醒来都是新生》和《怨苍天变了心》的歌词之后，相信同学们对“遇见”已有更加深刻的感悟，请以“遇见”为主题，写一段抒情性文字（100至200字）。

（本课系郑旺吉老师于2018年12月29日在广东省郑旺吉名教师工作室学员跟岗研修活动暨现代诗歌主题学习研讨会上为跟岗学员和任教班级学生开设的现代诗歌赏读研讨课）

心灵栖息，至真至美

——观郑旺吉老师《现代诗歌赏读之“遇见”》研讨课有感

广东省陆丰市龙山中学　林传名

2018年12月29日10：20—11：05，陆丰市林启恩纪念中学学术报告厅里，洋溢着至真至美的情感交流——广东省中小学名教师工作室主持人郑旺吉老师为我们跟岗学员和启恩中学语文组教师展示了一节精彩纷呈的现代诗歌“主题学习”研讨课《遇见》。让我们这些学员开阔了视野，增长了见识，明白了语文课堂的内核。

郑老师以语文“主题学习”的形式来设计教学内容和教学流程，以《现代诗歌赏读之“遇见”》为题，用学习任务群的形式来展开教学。这种全新的教学模式，对我们这些学员来说，是一种理念和思想的冲击，让我们明白了“语文原来可以这样教”“语文课堂原来可以这样来展示和演绎”。

郑老师以“每日成语学习”为课堂的切入点，引导学生积累成语，并进行思考，巧妙地将学生引入新课的学习中。他引用了《汉书·郊祀志下》中的“听其言，洋洋满耳，若将可遇；求之，荡荡如系风捕景，终不可得”。要求学生翻译，并从这句话中提炼出“可遇而不可求”这个成语。如此设计课题导入，一方面增强了学生对成语和文言文的学习；另一方面，使得语文课堂有一种浓浓的文学氛围。

接着，郑老师说：“听他们的说话，满耳都是美好的景象，好像马上就能遇见（神仙）一样；可是，你要寻找它，却虚无缥缈，好像要缚住风、捉住影子一样，终究不可能得到。这就需要遇见了，可见，‘遇见’是如此珍贵呀！”

此时，学生似乎已有所触动，有所思考。郑老师不失时机地引导学生进一步深入思考，“日常生活中都有哪些‘遇见’？又有哪些是‘可遇而不可求’的呢？”于是学生叽叽喳喳地讨论，七嘴八舌地回答：有说考试成绩的，有说权势地位的，有说金钱美女的……

郑老师的设疑引导，以学生个人的生命体验为基点，以教师自己的生活阅历为例子，让学生懂得了古往今来，许多美好的东西都是“可遇而不可求”的，该是你的只要抓住时机通过努力即会得到；不该是你的则不可强求，即使勉强得到也终会失去。

讲到动情处，郑老师还用粤语唱出陈百强的歌：“命里有时终须有；命里无时莫强求……”让听课的老师和学生沐浴在至真至纯的情感体验之中——这是崇美与尚情的课堂。

接下来，郑老师引用中央电视台《朗读者》第一期“遇见”的开篇语，设置成填空题，让学生思考、感悟，并通过他自己声情并茂的示范朗读，让学生即刻进入至真至美的情景中。

我突然感觉到：一个语文老师必须具备丰厚的文化底蕴，才能使教学如此生动有趣，进而使得教学更加有效。一个语文老师通过他的生动语言和真挚情感触动学生的心灵，才能有理的启迪、情的激荡、美的浸染，才能激发学生学习的智慧和灵性。郑老师正是通过他的仪态、言谈、举止、情感，让学生深深地感受到恬静和陶醉、优雅和高尚，得到美的熏陶。

此时，课堂自然而然进入了正题，也就是这节课老师要引领学生学习鉴赏、感悟体会的席慕蓉的《初相遇》。

郑老师没有一下子对这首现代诗进行解读，而是先极富感情地范读，然后指导学生诵读。

让我们所有听课老师惊讶的是，郑老师感情朗读时，手上拿着一本已经发黄的相册。他读到动情处“在梦里，一切都可以重新开始，一切都可以慢慢解释”“胸怀中满溢着幸福，只因你就在我眼前，对我微笑，一如当年……好像你我才初初相遇”时，一边翻开那本发黄的相册，看着那些发黄的旧照片，一边沉浸在对往事的回忆中。

此时，郑老师十分投入地与学生交流自己的阅读感受。他说，他刚才朗读时之所以那么有感情，是因为那本旧相册，那是他大学求学时光的“青涩记忆”，他朗读《初相遇》时，大学往事一幕幕浮在眼前，又自然而然地联想到大学毕业26年以来经历的许许多多的“初相遇”与许许多多的“可遇而不可求”，于是“心有戚戚焉”。

一堂语文课，文本情、教师情、学生情，决定了语文教学的情感性特征。在课堂教学进行的过程中，只有这三种情，真正交融与和谐统一，才能让师生产生情感共振，才能使教学产生美。在日常的教学实践中，我们常常可以看到：教师喜形于色，学生便眉飞色舞；教师义愤填膺，学生便怒发冲冠；教师委婉幽默，学生便捧腹大笑。何故之有？情使之然也！只有教师将文本与师生的情感渠道打通了，师生之间才能心心相通。在这一点上，郑旺吉老师做到了。他由文本触发自己的情感体验，然后与学生分享，引导学生交流，使得学生完全进入那种至真至美的情感状态中。

此时，郑老师顺势抛出几个问题：“这是一首爱情诗？哲理诗？诗中‘美丽的梦’和‘初相遇’究竟所指为何？生活中是否也有这样的情境？‘初相遇’是怎样的一种情怀？”

让学生深入思考，广泛讨论，最后让学生阐述。各个学生的表达不尽一样，郑老师都一一进行引导和点拨。

这个教学环节让我感觉到：我们的学生，不是工厂听凭处理的原料，而是活生生的高中生，他们的内心深处是一片汹涌的海洋，他们渴望丰富的情感体验、强烈的情感共鸣和适时的情感宣泄。而在现实的课堂学习中，他们的情感体验受到限制，他们的情感与作品的情感有时候无法合拍。

让我特别钦佩的地方就是郑老师反复地引导学生。在引入课题阶段时郑老师已充分地调动自己的情感，接下来想方设法地与学生交流，通过自己的言行和神情，用他自己火热的激情去触动学生平静的心，借用现代诗歌这个载体，对学生进行善与恶、美与丑的情感教育与熏陶。我觉得，这是本节课的亮点和精髓。

最后，郑老师还不忘对《初相遇》这首诗歌再次进行升华。

我特别赞叹，这“情感如同肥沃的土地，知识的种子就是播种在这土壤里”。在郑老师的不断“煽情”之下，此时，课堂上，听课师生都已沉浸于

“初相遇”的美好情境之中……

然而，课堂还没结束，郑老师还用了方季惟那首《怨苍天变了心》的歌词来结尾，达到了整堂课首尾呼应的效果，浑然天成。

我想，这节课之后，当学生懂得了称颂世间美好的事物和美好的情感、哀悯人间悲惨的命运时，实际上已经在这些情感判断中渗入了对世界的认识，对情感的理解，获得了感知和体悟。这或许就是我们语文课堂教学所期待的吧！

语文课堂教学中，教师应该为了学生的健康发展而努力去寻找美的事物，寻找至真情感，并且去播洒美。理想的课堂，就是心灵至真至美的栖息地。虽然是一种高超的境界，但不是遥不可及、高不可攀的，只要我们倾力投入，全力探索，或许可以无限逼近。

我想，工作室主持人郑旺吉老师的这堂语文课，已经达到了，达到了至真至美的境地，使得学生的灵魂有了一块栖息地。

《论语》主题阅读：入孝出悌

广东省陆丰市林启恩纪念中学　郑旺吉

一、走近孔子，认知《论语》

（1）孔子，名丘，字仲尼，春秋末期鲁国陬邑（今山东曲阜市）人。

（2）孔子是我国古代著名的思想家、教育家，儒家学派创始人。

相传有弟子3000人，贤弟子72人，孔子曾带领弟子周游列国14年。

（3）孔子是一位古文献整理家，曾修《诗》《书》，定《礼》《乐》，序《周易》，作《春秋》。孔子的思想及学说对后世产生了极其深远的影响。

（4）《论语》是孔子弟子及其后学关于孔子言行思想的记录。书中记述了孔子谈话、答弟子问及弟子之间的谈论，因而是研究孔子思想及儒家学说的重要资料，是儒家的经典著作。

（5）《论语》共20篇，内容包括政治主张、教育原则、伦理观念、品德修养等诸多方面。

（6）《论语》的语言简明易懂，含蓄有致，是语录体著作的典范。其中很多精辟的论述，后来成了格言或成语，不但对后代文学语言产生了很大影响，而且对后人的行为规范产生很大的影响。

（7）南宋淳熙年间，朱熹把《论语》《大学》《中庸》和《孟子》合编为“四书”，又为“四书”做了注。元明清时期，“四书”成为科举用书，被奉为圭臬。

二、领悟孝悌，明确责任

（1）孝悌，中国传统的重要道德规范之一。孝，指孝顺父母；悌，指敬爱兄长，友爱弟弟妹妹。孔子非常重视孝悌，认为孝悌是做人、做学问的根本。

孝悌是培养人性光辉的爱，是中国传统文化的精粹。孝悌讲的是长幼有序和人性博爱，原是为适应古代家庭宗法制度而提出来的。其本意虽然是一个家庭观念，但家庭是社会的细胞，也是国家的基本单位，有了家庭的安定和睦，才能有社会的和谐发展和国家的长治久安。当今社会所讲求的和谐，其渊源就是孔子的孝悌思想。

孝悌思想落实到当代中学生，必须做到：在家孝敬父母，关爱兄弟姐妹；在外善待他人，感恩社会，报效祖国。

（2）大声诵读《弟子规》中“入则孝”和“出则悌”二章，认真领悟每一句蕴含的深刻含义。

三、诵读经典，涵养人生

（学生自读，讨论探究；教师启发，逐则讲解；学生诵读，书法展示。）

（一）名句选读

（1）子曰：“弟子入则孝，出则弟，谨而信，泛爱众，而亲仁。”

解读：至圣先师孔子十分注重孝悌教育，他强调：在日常生活中，首先要做到孝顺父母（孝），友爱兄弟姊妹（悌）。其次，言行要谨慎，要诚实可信，要广泛地去爱众人，亲近那些有仁德的人。孔子的这句话表达了儒家传统对人的道德要求规范从家庭伦理到社会伦理的过程。

（2）“君子务本，本立而道生。孝弟也者，其为仁之本与！”

解读：君子专心致力于根本的事务，根本确立了，道义才能产生。中国儒家认为孝敬父母和友爱兄弟是仁道的根本。

（3）有子曰：“其为人也孝弟，而好犯上者，鲜矣；不好犯上，而好作乱者，未之有也。”

解读：凡是人类无不皆有礼敬——人有礼敬必吉，家有礼敬能昌，国有礼敬自强，若无礼敬必乱。既行孝悌，是知礼敬之理，那侵犯长上的事，是无礼不敬的，孝悌的人，深以为耻，不做这样的事。不喜欢侵犯长上，却喜欢不守家庭规矩，破坏社会秩序，违反国家法律的人，更是从来没有的。

（4）子曰："事父母几谏，见志不从，又敬不违，劳而不怨。"

解读：孔子说："侍奉父母，（如果他们有不对的地方）要轻微婉转地劝止。如果自己的意见没有被采纳，仍然恭敬地不触犯他们，虽然忧愁，但不怨恨。"父母有过失的时候，做子女的要认真地劝谏他们，让他们更正。劝谏时要和颜悦色，声音要低缓，方法要巧妙。

（5）子曰："父母之年，不可不知也。一则以喜，一则以惧。"

解读：孔子说："父母的生日，不可不记住，父母的年龄，不可忘记。一方面因他们长寿而高兴，一方面为他们年高而担心。"言下之意很明白，就是劝导世人要及时行孝，珍惜现在和父母一起的日子，常思养育之恩，常怀感激之心。

（6）子曰："父在，观其志；父没，观其行；三年无改于父之道，可谓孝矣。"

解读：孔子说："当他父亲在世的时候，（因为他无权独立行动），要观察他的志向；在他父亲死后，要考察他的行为；若是他对他父亲的正确原则长期不加改变，这样的人可以说是尽到孝了。"这强调的是当父母在世的时候作为子女能尽孝，当父母离世后，子女依然可以尽孝。

（7）子游问孝，子曰："今之孝者，是谓能养。至于犬马，皆能有养。不敬，何以别乎？"

解读：子游问什么是"孝"。孔子说："今天标榜的孝，是能够赡养父母。连（家里的）犬马都能得到给养。（如果）不尊敬父母，怎么进行区别呢？"孔子在这里谴责世人只知"养而不敬"。

（8）孟武伯问孝，子曰："父母唯其疾之忧。"

解读：孟武伯问什么是"孝"。孔子说："做儿女的不会做出违背礼义的事让父母担忧，父母为儿女担忧的只有疾病之类非由人定的事。"

（二）郑重承诺

子曰："弟子入则孝，出则弟。""孝弟也者，其为仁之本与！"古人认为，孝敬父母和友爱兄弟是仁道之根本。孝悌是培养人性光辉的爱，是中国文化的精粹。而作为新时代的中学生，我们必须承诺做到：在家孝敬父母，关爱兄弟姐妹；在外善待他人，感恩社会，报效祖国！

（三）专家解读

播放《学习强国〈论语〉的智慧》。

（四）推荐阅读

（1）语文出版社《普通高中课程标准实验教科书（选修）》中的《〈论语〉选读》。

（2）林启恩纪念中学德育校本教材《道德讲堂·孝悌篇》。

（3）北京联合出版公司《论语》。

（4）线装书局《论语》。

（5）北京联合出版公司《中华国学经典精粹》。

（五）拓展阅读

家祭无忘念亲恩（节选）

郑旺吉

“父母亲爱心，柔善像碧月。常在心里问何日报？亲恩应该报，应该惜取孝道……”耳边传来陈百强充满亲情的《念亲恩》的歌声，看着厅堂里祖宗神位上的“福”字浮雕，透过闪烁的红色烛光，我眼前又浮现祖父祖母和先父先母慈祥的面容、勤劳的身影。

（本文2017年1月21日首发于“如歌岁月”微信公众号，2018年6月20日刊发于《荥阳与郑氏》报“郑氏文苑”栏目。）

清明扫墓感怀（节选）

郑旺吉

岁月如梭，时光荏苒，如今，我们兄弟几人也都步入中年，各自的儿女们也都陆续长大，安居乐业。当年背着我们过河的祖父、伯父和父亲已在对岸山上长眠。我们先后祭拜缅怀了祖父、祖母，父亲、母亲，伯父、叔父。在先祖墓碑前虔诚跪拜、祈福祷告，先祖们淳朴慈祥的面孔和勤劳忙碌的身影似乎就在眼前，先祖们对我们的谆谆教诲和殷切期望依然萦绕耳旁。

傍晚时分，扫墓完毕。回到家里，沐浴更衣，泡杯熟普，翻阅《论语》，反复品味《八佾篇》中“祭如在，祭神如神在”一句蕴含的意味。

（说明：本文2017年4月7日首发于“如歌岁月”微信公众号，2018年5月20日刊发于《荥阳与郑氏》报“郑氏文苑”栏目。）

四、深情朗诵，传承孝悌

播放PPT漫画《当你还很小的时候》（背景音乐：《离开你的那一天》）教师深情地朗读PPT课件展示的文字：

当你还很小的时候

当你还很小的时候，

他们花了很多时间教你用勺子，用筷子，吃东西……

教你穿衣服，绑鞋带，系扣子……

教你洗脸，教你梳头发……

教你做人的道理。

你是否还记得，你们练习了很久才学会的第一首儿歌？

所以……

所以，当他们有天变老时……

当他们想不起来或接不上话时……

当他们啰啰唆唆重复一些老掉牙的故事……

请不要怪罪他们……

当他们开始忘记系扣子，绑鞋带……

当他们开始在吃饭时弄脏衣服……

当他们梳头时手开始不停地颤抖……

请不要催促他们……

因为你在慢慢长大，而他们却在慢慢变老……

只要你在他们眼前的时候……

他们的心就会很温暖……

如果有一天，当他们站也站不稳，走也走不动的时候……

请你紧紧握住他们的手，陪他们慢慢地走……

就像……

就像当年他们牵着你一样……

传承国学经典，彰显孝悌真情

——记郑旺吉老师《论语》主题阅读课

广东省陆丰市龙山中学　林传名

2019年5月15日下午，我前往启恩中学聆听了广东省中小学名教师工作室主持人郑旺吉老师开设的《论语》主题阅读课“入孝出悌”。郑老师将这节课定位为“诵读文化经典，感受国学魅力”。

《普通高中语文课程标准（2017年版）》明确规定：普通高中语文课程应“为传承和发展中华文化、增强民族凝聚力和创造力发挥应有的作用”。郑旺吉老师恰恰抓住这个点，演绎了这节形式多样、内容精彩的经典国学课堂。

一、领悟孝悌明责任

课一开始，郑旺吉老师就引领学生“走近孔子，认知《论语》”。郑老师不断提问学生孔子是一个什么人？《论语》是一本什么样的书？大部分学生都能够根据自己的阅读积累和阅读经验，说出对孔子和《论语》的理解。此时，课堂慢慢地进入经典国学氛围之中。

随着课堂氛围的不断加浓和学习内容的不断深化，郑老师自然地引领学生“领悟孝悌，明确责任”。作为一个语文学科名教师，郑老师对国学的研究颇深，而且注重通过课堂为学生注入传承优秀传统文化的思想，这就是新课程倡导的“立德树人”的最好体现了。

二、反复诵读悟内核

这节课，郑老师很注重引领学生诵读。每一个主题讲解的开始和结束，都进行集体诵读。首先是指导五名穿着汉服的学生带领全班同学大声诵读《弟子规》中“入则孝”和“出则悌”二章，通过诵读认真领悟每一句蕴含的深刻含义。

接着，郑老师抛出课前自己精心挑选的《论语》中阐述“孝悌思想”的八句名句，让学生仿照古人摇头晃脑地自由诵读，讨论探究，自求理解。学生们各抒己见，课堂氛围很是活跃。有些学生的理解起初不够深刻，思路不够顺畅，郑老师都耐心地加以启发和引导。

郑老师用“读读、讲讲、议议”的方法讲授经典国学课，举重若轻，效果很好。学生对《论语》里面八句名句选读的理解与赏析，是师生共同讨论后自然而然的结论，而不是教师强加给学生的结论，这一点是我们普通教师往往会忽略的地方。我们有些教师只是一味地把知识“塞”给学生，不少年轻的语文老师上经典国学课，喜欢引用前人对这些经典国学名句的评析。大多数情况下，学生对经典名句的解读是似懂非懂，甚至根本不懂。学生对经典国学名句连初步的感悟和感知都还没有形成，教师就迫不及待地把前人的解读展示出来，学生只能在经典国学之中寻词摘句，印证前人的解读和结论。

而郑老师的这节课，却不是这样。他不急于将前人对经典名句的评析告诉学生，而是在学生充分讨论、深入探究的基础上，对经典国学已经有了初步感知，并对经典名句的思想性和艺术性形成了自己的认识之后，才把前人的解读展示出来。顺序不同，自然而然效果也绝对不同。我想，这也是郑老师上课的一种境界吧。

三、注重生成呈古韵

这节课，让我们听课老师眼前一亮的就是郑老师还特意叫几个学生穿上了汉服，以仿古的形式来学习经典国学。而且，几个学生穿着汉服诵读《弟子规》时，一个学生在讲台上挥毫泼墨，现场展示中国古老文化的另一种形式——书法。郑老师在这节国学课堂上，设置了这样的一种书香场景，让人倍感温馨，备受熏陶。我特别佩服郑老师这样的设计，超乎寻常，突破寻常，让听者陷入深深的古韵当中，欲罢不能。

上课，当然需要形式方面的设计，但设计的侧重点却不一样，有的侧重教师自我，有的侧重学生的现状。侧重学生，得充分了解学生，注重学生良好学习习惯的养成，注重课堂生成。这节课上的不少问题，不少情景，都来自学生，这是难能可贵的地方。

课堂上，出现了一个意外失误：学生上讲台挥毫泼墨的时候，一紧张，不小心就把墨瓶摔破了，“咣当”一声，引起一阵小小的骚动。但是，作为一个老练的语文名师，郑旺吉老师却是若无其事的样子，骚动一下子就平复了，课堂教学不断向前推进，有条不紊——这真是武林高手“化招”的水平。

作为一个长者兼师者，郑老师“立德树人”的拳拳之心，在这节国学讲堂中显现无遗。引导学生深入理解了《论语》中阐述“孝悌思想”的八句名句的内涵后，郑老师还要求学生来一个郑重承诺：在家孝敬父母，关爱兄弟姐妹；在外善待他人，感恩社会，报效祖国！我想，这就是语文课堂上德育渗透的最佳方式了。

四、拓展阅读念亲恩

郑老师把这节课的内容通过引领、启发、点拨，让学生们懂得、学透。但他还觉得不够，还进一步推荐课外阅读。这个“课外阅读”的推荐方式跟我们平常课外阅读的推荐不一样，我们一般都是向学生推荐名家的文章。而郑老师却推荐自己近年写的两篇文章：《家祭无忘念亲恩》和《清明扫墓感怀》。这两篇文章都是郑老师深切悼念自己已经逝去的父母的，文中表现的“孝悌思想”情真意切，撼人心扉，无不让听课的全体师生深受感动。

我想，我们平常课外拓展的内容不能脱离学生的现有实际，过度地拔高，而应尊重学情，精心选好内容，让学生真正有心灵深处的体会——这是需要水平与魄力的。而这两篇文章表现的就是老师自家的情感，文中叙写的事情就在身边，符合学生的生活阅历与认知发展规律，一些体验只能让学生随着年龄的增长与生活阅历的丰富，自己慢慢体会。

一节课，到了最后10分钟，我们一般的教学流程就是让学生做做练习，巩固一下这节课的学习内容。郑老师却是精心设计，让听课老师和学生，随着课堂教学的推进，“孝悌”情感的浸染最后达到了高潮，进行了一次灵魂的洗礼，孝情的呼唤。

课堂最后10分钟，郑老师播放了那首伤感的音乐《离开你的那一天》，一边播放着漫画，一边深情地朗读着：“当你还很小的时候，他们花了很多时间教你用勺子，用筷子，吃东西……”“如果有一天，当他们站也站不稳，走也走不动的时候……请你紧紧握住他们的手，陪他们慢慢地走……就像……就像当年他们牵着你一样……”

诵读到动情处，郑老师声音哽咽，潸然泪下，深深地触动了我们听课师生心灵深处最柔软的地方，让我们心里隐隐作痛，又刻骨铭心。此时，郑老师水到渠成地点出本堂课的情感目标，那就是教育学生：“树欲静而风不止，子欲养而亲不待。”请及时行孝！

教无成法，教无定法，一节课的教学中，只要情感真挚，可以改变沉闷的课堂气氛，最终使学生乐学、爱学，并让学生在经典国学中充分感悟文学艺术的魅力，而心灵深受触动，我想这已经很不简单了。在我看来，这是一节成功的语文课，一堂充分体现“立德树人”理念的国学课堂。

美中含爱，爱里隐痛

——《边城》整本书阅读教学反思

广东省陆丰市龙山中学　林传名

今天（11月4日）是我们广东省中小学郑旺吉名教师工作室2019年度第二次集中研修活动的第四天。时间过得真快，转眼间又入秋了。秋阳似火，充满了热情。

上午第三节课，我在启恩中学高二（14）班借班上了一节《边城》整本书阅读的研讨课。我上这一节课的目的就是为了落实《普通高中语文课程标准（2017年版）》里面18个学习任务群的第一个“整本书阅读与研讨”的任务，这是放在我们高中语文教师面前的一个新课题。这不是叫学生去读一本小说就行的事情，也不是借助一些试题就可以解决的事情。整本书阅读的目的就在于拓展学生的阅读视野，帮助学生构建整本书阅读的经验，让他们逐渐形成自己整本书阅读的习惯和方法。这样自然而然就能够提高他们的阅读能力，培养他们成为终生阅读者，最后促进全民阅读。

以下是我这节课的设计。

一、“术”的层面

（1）小说鉴赏的基本要求，对小说的情节、人物、环境的鉴赏分析，并由此把握小说的主题。

（2）通过小说的阅读，开阔视野，陶冶情操，提高学生的阅读素养及审美能力。

二、“道”的层面

（1）渗透生命个体的阅读体验和情感体验。

（2）接受作品中湘西古朴淳厚的人文美的熏陶，陶冶和净化学生的心灵。

我在一节课的开头，往往会设计一些课堂引语，让学生感受一种文学气息和文学氛围，使得语文课堂更加有语文味。这节课的引语是：罗曼·罗兰在《约翰·克利斯朵夫》中这样写道：“幸福是灵魂的一种香味。”这是我在所有关于幸福的描述中读到的最具诗意情怀的、也是留给我印象深刻的一种说法。我也在想，能够阅读《边城》的整本书，读出其中的美，读出其中的爱，读出其中的痛，本身就是一种幸福。

接下来，我就展示了几幅有关湘西、有关边城的图片，引领着学生慢慢地进入我创设的“一定的情境”。我还让学生观看了《牵渡》的纪录片和姚贝娜主唱的《唱给沱江》，经过这两个环节的步步感染，学生自然而然就进入了《边城》的世界里，他们的情感都沉浸在这样的情景当中。

于是我以沈从文先生创作《边城》之动机作为突破口。正如沈从文先生说的：“我的主意不在领导读者去桃源旅行，却想借重桃源上行七百里路酉水流域一个小城小市中几个愚夫俗子，被一件普通人事牵连在一处时，个人应得的一份哀乐，为人类‘爱’字作一度恰如其分的说明。我要表现的本是一种人生形式，一种优美、健康而又不悖乎人性的人生形式。”

课堂上，我紧紧地抓住这个突破口，从整本小说中找到了“何为美”“何为爱”，通过这两个问题的引领、点拨和探究，其实探究“美”和“爱”，就会涉及小说中的人物形象，我顺势引领学生对小说中的人物进行分析和概括，让学生进行自由的合作与探究，最后让他们自己来回答，我在旁边引领和点拨。这样，学生就自然而然理解了作者笔下的一个又一个的故事情节，一个又一个的鲜活人物，这样理所当然就读懂了作者写这本小说时内心深处是隐隐作“痛”的。

接着，我再抛出第三个问题“何为痛”，通过引领学生进行溯源，慢慢地他们就懂得了：原来“痛”就是像“翠翠”这样的人物具有过度原始美的人性，太单纯，反而像一张白纸那样。毕竟人是社会人，过度原始和单纯，连爱与情都是朦胧的，无法表达自己心中的爱，所以才有了这样一出悲剧。还有另一个“痛”就是：这是一种因“爱”而深情，因“爱”而绝望，因“爱”而矛盾，因“爱”而有所顾忌，符合“爱”的逻辑，不悖乎人性的悲剧。这就是悖“理”入情，悖“理”入爱，让读者读完整本小说，合上书的那一瞬间，内心还是隐隐作痛。

通过这三个问题的引领、点拨和解决，大部分阅读过这本小说的同学都懂得，都能够知道阅读的核心了，学生势必就可以看出这是一部温暖的作品，但隐伏着作者很深的悲剧感；是一部怀旧的作品，一部带着痛惜情绪的怀旧作品。

课堂的时间慢慢地流逝，到了最后15分钟左右，我再次抛出一个总问题，就是这本小说的主旨是什么？学生都进行发散性思考，各抒己见。最后我给他们归纳出以下三点：

（1）对人类纯真的感情与完整人格的肯定。

（2）对自满自大、轻率浮躁的现代中国社会的一种批判。

（3）对汉族文化和城市文明入侵的担心。

在这个过程中，我还借题阐释一下自己的独特见解，以起到抛砖引玉的效果，让学生也能发表自己的想法和看法。

通过这样的引领与分析，整本书的内容和核心素养，学生基本上已经把握住了。最后我给他们设置一道题：阅读《边城》整部小说，探究《边城》散文化的写作风格，写一篇读书笔记。

课堂到了最后5分钟，我还叫两个同学来说一说自己在上完这节课之后，“哪个人物，或者哪个情节打动你的内心深处最柔软的地方”。两个同学都回答得很到位，我感到特别欣慰。

反观整节课，自我感受就是时间还是比较仓促。在与学生进行互动的过程中，时间用得不够多，毕竟一本小说是一个庞大的知识体系，涉及方方面面。还好学生在课外时间都已经阅读了整本书。整本书阅读就是凸显“整”，着力点在于“读”，这就是我本节课想要达到的效果。

总而言之，这节课是一节尝试性质的课。我的最终目的就是指导学生能够进行整本书阅读，每个同学都能找到适合自己的阅读方法，能够通过整本书阅读积累自己独特的阅读经验。同时，也能够在阅读之中获得一股精神财富，对他们的世界观、人生观和价值观构建起到促进作用，哪怕一点点，我想，这就够了。

欣赏美的赞歌，探究爱的逻辑

——《边城》整本书阅读听课感悟

广东省陆丰市河图中学　柯泽培

11月4日上午，广东省中小学郑旺吉名教师工作室进行2019年度第二次集中研修，在陆丰市林启恩中学高二（14）班，来自陆丰市龙山中学的林传名老师为我们带来了一节精彩的示范课——《边城》整本书阅读。整节课让我们感觉到了一股浓烈的文化气息，让我们深深地融入《边城》“美中含爱，爱里隐痛”的情感中。

林传名老师在课后反思中说：“上这一节课的目的就是为了落实《普通高中语文课程标准（2017年版）》里面18个学习任务群的第一个‘整本书阅读与研讨’的任务，这是放在我们高中语文教师面前的一个新课题。”

听了这节课，我感触颇深。整本书阅读在于一个整体，不同于一篇课文的教学，教师最重要的任务是要带领学生对整本书回顾总结，要领着学生往高处走一走。一节课45分钟，要与学生分享探讨一部几十万字的中篇小说本来就是一件不容易的事情，而林老师在这一节课中很好地把握住整本书阅读的两个关键问题：一是作品给你留下了什么印象，二是读完后你感受到了什么。

林老师在课堂导入时，就做了充分的准备，先是播放纪录片《牵渡》视频，再播放歌手姚贝娜演唱的歌曲，目的是让学生通过文字阅读，更直观地了解“边城”景色之美。这样就能够节省回顾小说内容的时间，把时间腾出来让学生谈自己的阅读体会。小说阅读，把握故事情节和分析人物形象特点是相对容易的，而要理解小说的主旨和作者的思想却是小说阅读指导的一个难点。课堂上，林老师以鉴赏人物性格为突破口，让学生分析小说几个人物的形象特点，体会《边城》的人性之美。引导学生通过感受、体会这些人身上共同体现的一种美——成人之美，从而获得了“《边城》就是一曲美的赞歌”的初步感知。然后再更深层次地探究——《边城》之“痛”。在探讨这个问题时，林老师先让学生探讨“翠翠”的爱情为什么会以悲剧结束。

这个问题的设置，很好地将文本和学生的生活体验结合到了一起，既关注了文章的细节，又关注了学生的个性体验。最后林老师归纳出产生悲剧的原因：①这是一种自然、原始的人性所带来的悲剧。②这是一种因爱而深情，因爱而绝望，因爱而矛盾，因爱而有所顾忌，符合爱的逻辑、不悖乎人性的悲剧。通过这样的分析，让学生理解鲁迅所说的“悲剧就是把美好的东西毁灭了给人来看”的含义，也让学生读懂了小说《边城》的悲剧意蕴。

林老师这节课很好地处理了教学内容和文本内容的取舍关系，做到避轻就重，有的放矢。同时也很好地处理了教师教学与学生学习的关系，采用层层剥笋式的探究方法，让学生在课堂里说出自己的阅读体会，很好地训练了学生的个性化解读能力。

总之，林老师这节课，为我们对“整本书阅读”教学提供了一个精彩的范例，值得我们学习与借鉴。

走近忧国忧民的“情圣”杜甫

——《月夜》教学设计

广东省陆丰市碣石中学　陈大焕

【课题名称】

杜甫诗五首之《月夜》——走近忧国忧民的“情圣”杜甫。

【课时安排】

一课时。

【教材版本】

粤教版。

【教学目标】

1. 知识与能力：了解杜甫其人，能结合诗句分析诗歌主旨。

2. 过程和方法：在反复阅读的基础上理解诗意，由点带面，学习分析问题、评价问题。

3. 情感态度与价值观：感受作者在时局动荡中思念家人、忧国忧民、渴望和平的家国情怀。培养爱国忧民的思想感情。

【教学重点】

疏通字词，品读诗歌，感受作者在时局动荡中思念家人，忧国忧民、渴望和平的家国情怀。

【教学难点】

学习从对方设想的艺术表现手法。

【教学方法】

探究法，讨论法，联系法，分析法。

【教学过程】

（一）知人论世，激兴导入

1. 激兴导入

设置疑问：杜甫“情圣”的外号是梁启超为他取的。但是估计，杜甫的夫人杨氏有话要说：“我嫁的是一个假诗人”，为什么？

2. 知人论世，了解背景

杜甫（712—770），字子美，自号少陵野老，盛唐伟大现实主义诗人，原籍湖北襄阳，生于河南巩县（今河南省巩义）。初唐诗人杜审言之孙。青年时代漫游各地，33岁时遇“赐金放还”的李白，两人同游梁宋之地。后入长安，困顿十载。安史之乱后，杜甫落入叛军之手，后脱逃奔赴肃宗行在，任左拾遗。后因得罪肃宗被贬，后入蜀，友人严武推荐他做检校工部员外郎。故后世又称他“杜工部”。入蜀后于成都西郊浣花溪畔筑茅屋而居。前后住了四年，写诗240余首。765年携家经水路出蜀，漂泊于荆、湘，以舟为家。770年病逝于湘江舟中，卒年59岁。

诗歌背景：天宝十五载（756）春，安禄山由洛阳攻潼关。五月，杜甫从奉先移家至潼关以北白水（今陕西白水县）的舅父处。六月，长安陷落，玄宗逃蜀，叛军入白水，杜甫携家逃往鄜州羌村。七月，肃宗在灵武（今宁夏灵武县）即位，杜甫获悉即从鄜州只身奔向灵武，不料途中被安史叛军所俘，押回长安。这首诗即是杜甫困居长安时所作，表达了他对离乱中家小的深切挂念。

（二）对照注解，试读试背

1. 注释

鄜州：今陕西省富县。当时杜甫的家属在鄜州的羌村，杜甫在长安。

云鬟：古代妇女的发饰。

清辉：指月光。

双照：月光照着诗人和妻子，表示作者对未来团聚的期望。

虚幌：薄而透明的纱帷。倚虚幌，指倚窗望月。

2. 试读指导

古诗重视炼字，尤其是谓语，请你为这些动词谓语补上主语（谁）。

月 夜

今夜鄜州月，闺中（谁）只独看。
（谁）遥怜小儿女，未解（谁）忆长安。
（谁）香雾云鬟湿，清辉（谁）玉臂寒。
何时（谁）倚虚幌，双照（谁）泪痕干。

（三）揣读文本，请你批判

1. 以下增加的这些字词你认为合适吗？为什么？

月 夜

今夜鄜州月（皎洁），闺中（老妻）只独看。
（隔空）遥怜小儿女，未解（忧心）忆长安。
（遥知）香雾云鬟湿，（岂堪）清辉玉臂寒。
何时（重逢）倚虚幌，双照（梦寐）泪痕干。

2. 先人评价

诗的构思“心已驰神到彼，诗从对面飞来，悲婉微至，精丽绝伦，又妙在无一字不从月色照出也。”（《读杜心解》）后世诗人常常学此法度。

问题设置：哪些字词体现了“悲婉微至，精丽绝伦”？

前二联：“今夜鄜州月，闺中只独看。遥怜小儿女，未解忆长安。”

“独看”：包括往日的“同看”、未来的“同看”。

安史之乱前，有一段时间，诗人是与妻子在一起度过的，和妻子一同忍饥受寒，一同观赏长安的明月，这自然就是深刻的记忆。

“忆”：充满了辛酸，交织着忧虑与惊恐。

往日：妻子同看鄜州之月而“忆长安”，虽然百感交集，但尚有自己为妻子分忧。

如今：妻子“独看”鄜州之月而“忆长安”，“遥怜”小儿女天真幼稚，只能增加她的负担。

后二联：“香雾云鬟湿，清辉玉臂寒。何时倚虚幌，双照泪痕干。”

通过对妻子独自看月的形象描写，进一步表现“忆长安”。

望月愈久而忆念愈深，甚至会担心她的丈夫是否还活着，怎能不热泪盈眶？

（四）研读理解，请你评价

问题设置：请结合本诗解释这种说法。（可以口头表达，也可以书面表达）

示例：望月怀思，自古皆然。但这首诗诗人不写自己望月怀妻，却设想妻子望月怀念自己，又以儿女（因为年幼）“未解母亲忆长安”之意，衬出妻之孤独凄然，进而盼望聚首相倚，双照团圆。反映了乱离时代人民分离的痛苦之情。词旨婉切，虚实相生，章法紧密，写离情别绪，感人肺腑。采用从对方角度设想的方式。

小结：艺术特色。

（1）虽只写亲情，但具有广阔的概括性和典型意义。诗中写个人遭际，与亲人离散之痛苦，但其中所写夫妇、父子之爱已与忧君爱国、悯时伤乱之情融为一体，深刻反映了安史之乱中人民的悲苦生活，抒发了诗人对和平生活的渴望。

（2）炼字精准。一二联中“怜”“忆”与“今夜”“独看”联系起来看，意味深厚。明月每月可见，特写“今夜”又是“独看”，可以想见往日“同看”和将来“同看”的情景。往日与妻子“同看”明月，尽管百感交集，但毕竟二人团聚，如今妻子“独看”，儿女年幼又不能帮其分忧，一个“怜”字饱含深情，感人至深。

（3）采用从对方角度设想的方式，虚实结合，情景相生。

（五）延伸阅读，代写回信

请大家阅读延伸阅读的材料——《杜甫的太太——我嫁的是一个假诗人》，结合诗歌《月夜》，代杜甫的妻子杨夫人给杜甫写几句话，作为回复。

阅读小结：

从741年，杜甫30岁脱单成婚，娶了小他11岁（还有说法是21岁）的杨氏为妻，到770年，杜甫59岁去世，还是杨氏陪伴在其旁，不离不弃。对他来说，杨氏是伴侣，是知音。最后，杨氏活到了49岁。

可以说是杜甫对不起她，杜甫一生未能建功立业，致君尧舜，难怪临死前感叹“百年歌自苦，未见有知音”。也可以说杜甫没有辜负他的妻子，他们二三十年结发夫妻，是唐代诗人里边最伉俪情深的一对，杜甫没有蓄妓，没有纳妾，连花边新闻都没有，而且1400多首诗歌处处都有妻子的身影。因此，梁启超为其取了外号“情圣”。

（六）读写结合，布置作业

撰写读后感：读《月夜》——忧国忧民的“情圣”杜甫。

延伸资料：《杜甫的太太——我嫁的是一个假诗人》。

点评

陈大焕老师的这节古诗阅读鉴赏探究课，规避了传统的烦琐串讲形式。课堂以设疑激趣，引发学生的阅读期待，唤醒学生的阅读体验。品味语言与涵泳情感，相亲交织而不悖，在师生互动的活跃气氛中，提高了学生的认知感悟，提升了学生的文化素养（郑旺吉）。

意象分析法在高中古诗词教学中的运用

广东省陆丰市河图中学　柯泽培

在几千年的文明历史进程中，伟大的诗人们在我国的传统文化中画出了一道最亮丽的色彩，给我们留下了无数瑰丽的诗篇。诗歌是我国传统文学的根，也是雅文学的最高形式。我国历来都非常重视诗歌的教育作用。自孔子开创诗教以来，各代都沿用这一教育形式培养人才，形成了良好的诗教传统。在现今语文教学中，诗词教学是语文课堂教学一个重要的组成部分，特别是高中阶段，作为学生情感培养和语文素养形成的关键时期，更应加强对古诗词的学习。但在实际教学中，古诗词课堂教学的现状不容乐观。教师在课堂上卖力气地讲，学生却一点儿兴致都没有，诗歌教学面临着“低效率”的困境。那么，如何在高中初始阶段就为学生打下鉴赏诗歌的基础，提高他们的诗歌鉴赏能力呢？实践证明，在诗歌教学中，运用“意象分析法”可以收到较好的效果。

诗的构成无非情景两端，谢榛在《四溟诗话》中说：“景乃诗之媒，情乃诗之胚。”情者，喜、怒、哀、惧、爱、恶、欲也；景者，事物、风景、场面也。魏王弼在《周易略例·明象》中指出：“夫象者，出意者也。言者，明象者也。尽意莫若象，尽象莫若言。言生于象，故可寻言以观象；象生于意，故可寻象以观意。意以象尽，象以言著。故言者所以明象，得象而忘言；象者所以存意，得意而忘象。”古诗词中的言、象、意之间正是存在着这样的辩证关系。象是意的载体，也就是说，要解得诗词之意，必须先明确诗词之象。因此，在高中古诗词课堂教学中，把握诗歌意象，就显得尤为重要了。只有让学生通过分析意象去感受诗歌的意境，学生对诗词的鉴赏能力才能有所提高，才能体会古诗词中所传达的深层思想。

一、理解意象之间的内在联系，想象意象群所组成的画面

所谓意象，即寓“意”之“象”，是诗人情感意念的载体。意象是诗歌最重要的审美元素，品赏诗歌的重点在于理解诗歌景、境、情之间的关系，景是境的一种形态，境是情的外在表现形式。画面感是诗人追求的境界之一。在诗歌教学中，必须以解读诗歌的意象为突破口，发掘意象内在的逻辑关系，把握意象群所组成的画面。

例如，杜甫的《登高》，诗人以登高的所见所闻作为写作对象，紧扣秋天的季节特色，描绘了空旷寂寥的景象。诗人围绕夔州的特定环境，选择了有代表性的景物。首联和颔联选择了八个意象：“风”“天”“猿”“渚”“沙”“鸟”“落木”“长江”。初看这组意象我们很容易有一种凄清空旷的画面感，但作者为什么要选择这组意象呢？它们之间有什么内在联系？它们和诗人要表达的情感又有何关系？这些问题对进一步挖掘诗歌情感是有帮助的，也是在诗歌课堂教学中必须予以重视的。

诗中的“风急”，高处“风急”，所谓“高台多悲风”，这是登高之感。“猿啸”是登高所闻。秋江上景物萧疏，洲渚凄清，沙滩白净，水鸟翻飞，这是登高所见。这一联诗人描摹了急风、高天、清渚、白沙、叫声凄厉的猿、飞舞盘旋的鸟这六种景物，诗人通过对这些意象的有机整合，一俯一仰，视听结合，动静相衬，既展示了节序的苍茫、凄清、肃杀的气氛，又烘托了诗人悲怆、愁苦的情怀。

颔联集中表现了夔州秋天的典型特征。诗人选取了“落木”“长江”两个意象。第三句承首句写山，因“风急”，故“落木”纷纷，萧萧而下；第四句承次句，写水，长江波涛汹涌，滚滚而来。“无边”状秋意之深，“不尽”写长江汹涌之状。诗人仰望漫无边际、萧萧而下的落叶，俯视奔腾不息、滚滚而来的江水，诗人久客他乡的孤独感，就像落叶和江水一样，连绵不尽，驱赶不绝。此处情与景相互交融，在写景的同时，传达出韶光易逝、壮志难酬的悲痛心情。从这里可以看出，作者所选择的意象、所组合而成的景象是最能体现作者情感的，诗歌寓情于景的特点也得到了最好的体现。

二、理解意象之间独特的连接方式，体味诗歌别样的意境

诗歌的创作往往是作者从生活中某件事，或某些人，或某处景，或某个物获得了独特的审美体验而开始的。诗人将这一独特感受进一步具象化，此时无形的情绪有了有形的物象，而这里的物象就是诗歌的意象。诗歌意象可以是一个，但更多的诗歌是由多个意象组合而成。

这些意象不是独立存在的，是有内在联系的，诗人往往通过自己的匠心独运，将若干个有内在联系的意象进行有机组合，形成一定的意象关系场，营造出别样的意境。在诗歌教学中，教师要善于引导学生理解诗歌意象间的连接方式，然后更好地去领略画面的意境。诗人在创作诗歌时，一般会使用以下方法来连接意象。

（一）精选动词、形容词将意象进行有机串联

例如，王维的《山居秋暝》，本诗以秋天傍晚的山景为写作对象。此诗以“空”字领起，为全诗定下一个清新明净、空灵淡远的基调。中间两联：“明月松间照，清泉石上流。竹喧归浣女，莲动下渔舟。”诗人承首联营造的意境，从视觉、听觉着笔，选取了“明月”“松”“清泉”“石”“竹”“浣女”“莲”“渔舟”八个意象，所选意象是山间常见的景象，经过诗人的勾连组合，使读者感受到幽静美丽的画面。那被雨水洗涤后的松树，一尘不染；月光也像被洗过一样，极其明亮皎洁；山石显得格外晶莹、剔透新亮；山雨汇成的股股清泉顺着山涧蜿蜒而下。诗人用“照”和“流”两个动词将几个意象加以连缀，“照”字使得“松树”与“明月”融为一体，在皎月的朗照下“松树”更显得青翠欲滴。“流”字又让人感受到“清泉”与“山石”亲吻的画面，似乎让人听到那清泉撞击在山石而发出淙淙的清脆悦耳的声音。“照”与“流”，一上一下，一静一动，仿佛让人感受到大自然跳动的脉搏。此时此刻诗人也仿佛觉得自己被洗净了一般，自然的美与心境的美完全融为一体，创造出纯美的诗境。

颈联二句均为写人——“浣女”“渔夫”的活动画面。诗人选了“竹”“浣女”“莲”“渔舟”四个意象，用“喧”“归”“动”“下”四个动词加以连缀，诗歌画面活泼又具有跳跃性。诗人采用了未见其人先闻其声的写作手

法："喧"字既能让读者似乎听到那竹海之中传来的，因洗衣服归来的女子拨动翠竹时而发出"沙沙"的声响，又能让人想象到浣女们那银铃般的笑声。在一派欢声笑语的喧闹声中，再听到水面莲叶翻动，渔舟荡水之声；"下"字写了渔舟顺流而下，这是渔夫要乘着今晚的月光去捕鱼了。人的出现，使得原本清新明净的画面又增添了一种灵动、飞扬的色彩。颈联二句透露出一种浓浓的生活气息，营造了一种祥和安逸的氛围。面对此景，诗人在闲适的同时更多地表现出满足。诗人触景生情，感慨油然而生：山民们戴月而作，随性而起，这般勤劳、朴素、开朗的性格，远比宦途官场清明、纯净得许多。这美丽恬静而又不失活泼之感的画面才是诗人退居官场后理想的居住环境。

再如，杜甫的《绝句》："迟日江山丽，春风花草香。泥融飞燕子，沙暖睡鸳鸯。"此诗选了"迟日""江山""春风""花草""泥""燕子""沙""鸳鸯"八个意象，首句由形容词"丽"字串起了"迟日"和"江山"两个意象，表现了春日阳光普照、四野青绿、溪水映日的秀丽景色。描绘了在初春灿烂阳光的照耀下，浣花溪一带明净绚丽的春景。第二句"香"字把春风、花草及其散发的馨香有机地结合在一起，可以让读者通过联想，有惠风和畅、百花竞放、风送花香的感受，收到如临其境的艺术效果。第三句诗人选择初春最常见、也是最具有特征性的动物——燕子。秋去春归的燕子，正繁忙地飞来飞去，衔泥筑巢。本句用了形容词"融"字，意为湿润。"泥融"紧扣首句，因春回大地，阳光普照才"泥融"。"融"字将"泥"和"燕子"两个意象有机地组合在一起，紫燕新归，衔泥做巢，显出一番勃勃生机，春意盎然的情状。

春日冲融，沙洲和暖，鸳鸯也要享受这春天的温暖，在溪边的沙洲上静睡不动。第四句和首句相照应，因为"迟日"才"沙暖"，沙暖才引来成双成对的鸳鸯出水，沐浴在灿烂的阳光中，是那样悠然自适。形容词"暖"字既照应了"迟日"，又引出了"鸳鸯"。从景物的描写来看，这一句和第三句又形成了对照，衔泥飞燕、静睡鸳鸯，动静相间，相映成趣，构成一幅色彩鲜明、生意勃发、具有美感的初春景物图。就诗中所蕴含的思想感情而言，反映了诗人经过"一岁四行役""三年饥走荒山道"的奔波流离之后，暂时定居草堂的安适心情，也是诗人对初春时节自然界一派生机、欣欣向荣景象的欢悦之情表露。

（二）活用词语，使意象更生动活泼，使意境更有韵味

词类活用是古代汉语中特殊的语法现象。在古诗词创作中，诗人们也会改变诗句某些词语的词性，使意象更新奇、更生动活泼。

例如，王安石的《泊船瓜洲》有“春风又绿江南岸，明月何时照我还？”诗句，一“绿”字连接了“春风”和“江南岸”两个意象，“绿”本是形容词，在这里用作动词，它不仅表明“绿色”，还有“吹绿”的意思。“绿”字将春风拟人化，表现出春天到来后千里江岸一片新绿的景物变化，使整个画面具有了动态美，对春天江南美景的描绘更富有色彩感和感染力，同时更能表现出诗歌末句所要表达的诗人那浓浓的思乡之情。

再如，陆游《书愤》中的“楼船夜雪瓜洲渡，铁马秋风大散关”两句诗句。这两句诗是由六个意象组成的两幅画面。根据语境，“楼船”“夜雪”“瓜洲渡”“铁马”“秋风”“大散关”均为名词，在此都活用为动词，应该理解为：英勇的宋军乘着楼船，冒着夜雪，在瓜洲渡击退金兵，南宋的勇士骑着配有铁甲的战马，迎着强劲的秋风，一举收复了大散关。六个意象的叠加和词性的活用，展现出了两幅奋勇杀敌、盛大壮阔的战场画卷。

（三）跳跃省略，使意象之间突破时空限制，使意境更丰富

俗话说：欲解诗家意，先懂诗家语。诗歌语言与其他文学样式的语言相比，更含蓄、更精练、跳跃性更强。诗人往往能够在有限的内容中创造出意蕴丰富的诗歌，呈现出一种语不接而意接的诗歌语言特点。诗人在创作诗词时常常用跳跃和省略的方式来连接意象，这就要求阅读者必须懂得用想象和联想去填补诗人留下的空白，还原诗歌的场景，这是诗词欣赏的重要环节。

例如，陈子昂的《登幽州台歌》：“前不见古人，后不见来者。念天地之悠悠，独怆然而涕下！”这首诗选择了“古人”“来者”“天”“地”四个意象，当然还有一个“怆然涕下”的作者自己。“古人”和“来者”是时间跳跃，而“天”“地”“人”又是一种空间上的跨越，此诗为我们提供的是“千载”和“万里”的时空，纵之以古今，横之以天地。在广阔的宇宙间，个体生命是多么渺小和短暂。这几个意象为我们所提供的情感内涵，已经不再局限于陈子昂本人了，而是涵盖了整个封建社会时期。生活在封建社会的陈子昂，尚且会有这种强烈的生不逢时、知遇难求的深沉感慨，那么那些生活在政治不清明、国家时局动荡不安的人的悲剧命运就可想而知了。此诗通过几个时空跨越的意象传达出封建社会政治体制下士人们强烈的忧患意识及陷入政治困境内心深处的极大悲怆。

诗歌意象间的连接往往具有跳跃性，于是，就会有许多内容被省略，这样必定会留下空白。读者必须通过自己的再造想象补充出诗人所省略的内容。因此，在诗词鉴赏中，教师要指导学生根据自身的认知、经验的积累、生活的逻辑去补充、完善诗歌所省略的内容。

例如，黄庭坚的《寄黄几复》一诗中有两句千古名句："桃李春风一杯酒，江湖夜雨十年灯。"这两句诗，上句追忆京城相聚之乐，下句抒写别后相思之深。诗歌的大意为：当年桃李春风之下，我们饮酒赋诗，是何等的快活自在，如今江湖夜雨之中，孤馆青灯之下，遥想当年，你我已经分别了十年。这两句诗诗人采用了时间跳跃的方式来连接意象。诗人选用了"酒"这一普通意象，"酒"虽常见，但它具有丰富的暗示。学生根据自己的经验积累可知：故人相见，或谈心，或论文，总是要喝酒的。"一杯酒"就写出了两人当年相会的情景。诗人还选了"桃李""春风"两个意象。这两个意象是大家比较熟悉的词语，学生可以通过想象，那阳春美景仿佛就在眼前，给人一种温暖的感觉。用这两个意象给"酒"以良辰美景的烘托，我们就不难体会到朋友相会时那种快乐的情感了。接着，诗人选了"江湖""夜雨""灯"三个意象。"江湖"一词，能使人想到流转和漂泊，"夜雨"，能引起怀人之情，在"江湖"而听"夜雨"就更增加了萧索寂寞之感。"灯"，这是一个常用词，而"年灯"，则是作者的首创，用以和"江湖夜雨"相联缀，激发读者的一连串想象：两个朋友，各自漂泊江湖，每逢夜雨，独对孤灯，互相思念，深宵不寐。而这般情景，已延续了十年。这两句诗由"桃李""春风""酒""江湖""夜雨""灯"六个意象连串而成，写出了相见时的温暖欢乐，分别后的孤寂悲伤。两句诗不需要一个动词，却把二人十年前相聚时的欢乐与别后十年的漂泊写得淋漓尽致，表达出诗人对友人深深的想念之情。

跳跃式意象组合所形成的意象群，给读者提供了一个处于跃动状态的情感和理念的思维空间，增加了情感信息的容量，在古诗词课堂教学中，教师要善于引导学生发挥联想和想象品味诗歌的意象。

有人说写诗的过程就是意象创作的过程。诗人将内心的情感赋予这些意象，让它们呈现出别样的风采。因此，对于一个古典文学底蕴有些薄弱的学生来说，鉴赏古诗词时，要懂得抓住诗人表达情感的最基本元素——意象进行分析，而教师更要把这一支能够打开诗歌意境的金钥匙交给学生，引导学生体会古诗词的美。

参考文献

［1］谢榛. 四溟诗话［M］. 北京：人民文学出版社，1961.
［2］杨时雨. 新课标下初高中古典诗词教学的衔接研究［D］. 武汉：华中师范大学，2017.
［3］张妮. 高中语文古诗词教学策略分析［J］. 华夏教师，2017（23）.
［4］钟淑凯. 走进古诗词教学［J］. 语文教学通讯，2004（32）.

（本文于2020年4月10日刊发于《语文课内外》第4期）

田野中央，收获坦荡

——我和小蓝走田野

广东省陆丰市林启恩纪念中学　郑旺吉

小蓝，是我结交不久的小伙子，来到陆丰才几个月。之前他跟他的兄弟姐妹们在大城市住久了，没见过田野。于是，我想带着他到田野里走一走，看一看。

这天下午，烈日当空，蔚蓝的天空中万里无云。我走下楼，来到小区出口，远远看到小蓝已在路边“恭候”着我。在蓝天的映衬下，小蓝显得益发精神抖擞。看到小蓝在路边晒着太阳，我心疼地对他说：“你怎么不到小区里的树荫下等我呢？”“按照有关规定，我们是不能进入小区里的。”小蓝说。

沿着宽敞平坦的华辉大道，我们来到公路边的红绿灯路口。前面，红灯亮起，我们和很多路过这里的人一样，自觉停下，耐心等待。可是，有几辆载货三轮车和快递送货车却肆无忌惮地闯过去，险些与穿过马路的大货车来个“亲密接触”。小蓝有点儿看不下去了，嘀咕着：“这些人是怎么啦？为了抢那么几十秒就可以不顾自己和他人的生命安全？！生命诚可贵啊！”

绿灯亮了，我们穿过马路，来到新修不久的东海大道上。看到双向六车道的宽敞大道，两边绿化带、人行道和停车位等配套齐全，高楼林立，商铺红火，小蓝不无惊叹：“我这是回到大城市了吧？”

“这是大城市啊，哪有田野呢？”小蓝有点儿心急了。于是，我们加快了脚步，从东海大道中段右转，穿过几条水泥路。猛一抬头，广阔无垠的田野尽收眼底。小蓝有点儿惊讶，说：“想不到在鳞次栉比的楼房和商铺后面，居然有一大片田野！”

我们冒着酷暑，在田埂上慢慢走。凉风习习，送来清香的青草味儿和有些腥气的泥土味儿，蝉鸣声、鸟叫声、牛哞声夹杂着远处建筑工地上轰隆隆的机器声，不绝于耳。田埂上，不知名的野花次第开放，有的绽放得十分绚丽，有的羞涩地打着朵儿，有的只开了一半。小蓝看着那几朵只开了一半的花儿，说：“这几朵花儿要是完全绽放了，肯定非常好看。”我说：“灿烂开放的花儿和只开一半的花儿各有各的美丽，或许，花儿只开一半，是在为以后的绚丽开放蓄积能量。况且，‘花开半朵，酒醉微醺’不是更美吗？”小蓝似懂非懂地点了点头。

不远处，有几株牵牛花和几株五色花，环绕着一棵苦楝树。这几种植物，在我们这里是非常常见的，也是我非常喜爱的。特别是五色花，随处可见：去山上为先祖扫墓时，我在贫瘠的山路边遇见过它；去参加文化采风时，我在斑驳的古墙上遇见过它；去参加研修活动时，我在高楼的天花板上遇见过它……如今，带着小蓝来田野走走，我又遇见了它。

苦楝树两边的农田，一边是刚刚收割完稻谷后留下的一束束整齐的稻茬儿，稻茬儿正在静静地等待着不久后土地的翻耕；一边却是荒草满园的景象，看来已是好几年无人在此耕作了。苦楝树的旁边，一棵高大的木麻黄被连根拔起，横躺在满园的建筑垃圾上。我想，田埂上的这一棵苦楝树，不知道还会在这里“苦恋”多久：十年？二十年？三十年？还是一辈子？

我们沿着田埂一路向西，前面田埂边长着一排赤豆和几株甘蔗，排得整整齐齐的，想必不是野生野长的，应该是农民大哥种的。看到赤豆和甘蔗，小蓝感到很新奇，他说以前在大城市工作时他从没见过。“前几年我在深圳的时候，看到街路上小伙子吃的甘蔗都是一小截一小截削了皮，将叶子洗得干干净净的。原来甘蔗是长这样的，没想到甘蔗还长叶子！”小蓝的一番话，让我笑得前俯后仰。

前面，有一大片稻田，沉甸甸的稻谷压弯了腰，在夕阳的映衬下，显得更加金碧辉煌。小蓝疑惑地说：“时令已经是六月下旬了，刚才我们看到稻田里的稻谷都早已收割完了，为什么这里好几亩稻谷还没收割呢？”我说：“这是‘一方水土养一方稻’吧？已经收割的是重点高中‘火箭班’被高考提前批和本科录取的，还没收割的是现在正在等待专科院校投档录取的普通班的学生。”惹得小蓝哈哈大笑。

这时，迎面来了一辆电动车，一个高中生模样的小伙子载着一个皮肤黝黑、精神矍铄的老人，老人肩上扛着锄头。到了我们身边，小伙子停车下来，老人家也从车上下来。老人家手握锄头，动作轻巧地在赤豆和甘蔗根部挥动了几下，随即将锄头交给小伙子。小伙子锄草的动作显然不如老人家娴熟，可是他还是很认真地锄啊锄，直到将赤豆和甘蔗根部的杂草全部除去。此时，他已满身大汗，气喘吁吁。

我和小蓝走上前去与老人家搭讪，原来，赤豆和甘蔗是老人家种的。小伙子是老人家的孙子，在启恩中学读高一，放暑假了，老人家带上孙子，让孙子体验一下田间劳作的乐趣。锄完了草，爷孙俩卷起裤腿，赤脚走入稻田里，不时深情地抚摸着沉甸甸金灿灿的稻穗，脸上洋溢着丰收的喜悦。

从交谈中得知，老大爷一家世世代代在这里种田。这几年，农忙时节种田，农闲时节做点小生意，一家老小日子过得红红火火。本来老大爷可以在家里享清福的，可是，农民出身的他却闲不住，还是每天扛着锄头下地种田。他说："现在种田比以前轻松多了，插秧、抽水、下肥、割稻，都是花钱雇人，用机器完成的。现在政策好，种田基本上没有什么风险。家里倒不是要靠我种田来过日子，我是闲不住，通过种田来忆苦思甜。这几天把我孙子也带过来了，让他也体验体验种田的艰辛和乐趣。"

顿了顿，老大爷又说："我希望我的乖孙好好读书，以后考上大学就去读农林专业，为建设社会主义新农村做出贡献。"我问小伙子有无信心考上本科院校、有无兴趣报读农林专业。小伙子点头说："有！"

小蓝好奇地问老大爷："种田不是很辛苦吗？哪来的乐趣？"老大爷抬起头来，擦了擦额头上的汗水，望着前方一大片已经收割完的稻田，又回头看着近前等待收割的稻田，深有感触地说："种田，流的是汗水，收获的是坦荡！"

夕阳，为眼前一望无际的田野铺上了一层金黄色的地毯。远处，几头黄牛在悠闲地吃草，摆尾；几只鸭子在水利沟里觅食，戏水；几个农民大哥在田间锄草，翻地……

回家路上，我的耳边回荡着近日中央电视台戏曲频道热播剧《鸡毛飞上天》的主题曲《向往》那充满深情的歌声：

在每一个四季，
海浪都向往着陆地，
我向往着你。
播种和希望，
随时光轻抚你脸庞，
还有心中的麦浪。
我有平凡愿望，
在沉默与呼喊之间，
今天最响亮。
田野中央，
收获坦荡……

山路两边，风景清亮

——我和小捷走山路

广东省陆丰市林启恩纪念中学　郑旺吉

小捷，是我前几年结交的小伙子，虽然他身材并不高大，相貌并不英俊，却很能吃苦耐劳，颇能走远路。

前几年，我常在紧张繁忙的工作之余，带着小捷在市内走街串巷，到乡村观赏田园风光，还到学生家里家访。今日，阳光灿烂，天气静好，应陆丰市“乐途骑行俱乐部”的盛情邀约，我决定带上久居“钢筋水泥”樊笼里的小捷，参加骑行俱乐部组织的“周日骑行”活动。

16：30，骑行队友20多人来到“乐途骑行俱乐部”（捷安特自行车陆丰店）集中，热心的店员为小捷做了全身体检，为我配备了头盔和手套等骑行必备物品。热心好客的店主阿鸣早就为骑友们泡好了润喉润心的“极边乌龙茶”。几杯清茗入喉，让骑友们顿觉温馨满怀，身上的暑气消失殆尽。

17：00，橘红色的夕阳还在散发着它的余威，穿着统一蓝黄相间队服的骑友们精神抖擞，激情满怀，整装出发。骑行队伍像一条巨龙，沿着324国道，经过龙潭桥、后坎村，往河东镇黄塘村方向前行。我们一路向前，经过龙溪村、龙珠村、大屯村、石古嘴村、石陂村和黄塘村等村庄——这些村庄，就是陆丰人以前所说的“十三乡”所在地。

以前，“十三乡”是陆丰的偏僻山区，是落后、闭塞的代名词。可是如今，这里已焕然一新，平坦的水泥路将各村连为一体。各村的路口都安装上了统一的新村标，村里都辟有宽阔的广场和美丽的池塘。广场边，社会主义核心价值观牌匾在夕阳的映衬下熠熠生辉；池塘边，农村文化墙上“仁义礼智信”“温良恭俭让”等字画彰显着传承千年不朽的中华传统文化之美。

“乐途骑行俱乐部”每次组织骑行活动都有周密的安排：有规划好的骑行路线，有专人分别负责领队、殿后、拍照和录制短视频，还有突发事件的应急方案等。此次骑行也不例外，由“长隆驿站”领队，“丛林开始”殿后。因为我和小捷好久没有参加骑行活动了，骑行俱乐部特别安排了热心队友史老师、奇兄和“全球通”一路关照我，为我指点骑行要领，为我加油鼓劲，无不让我感恩、感激、感奋。

我和小捷紧跟着骑行队伍，穿过几个村庄，感受着酷暑中大汗淋漓、全身湿透的快感，品尝着汗水顺着额头流入眼里、又顺着脸颊流到嘴里的咸味，享受着边骑行边欣赏田园风光的乐趣。骑着骑着，我渐渐地感觉到脚步开始沉重，有点儿上气不接下气了，与骑行队伍的距离越拉越大了。原来，我们正骑行在一座小山坡的半山腰。我低着头，努力向前，稍不小心，被路中央的一块小石头绊了一下。我和小捷都摔倒了。

这时，小捷带着调侃的语气对我说：“俗话说得好，既要埋头苦干，也要抬头看路啊！”我将小捷扶起来，拍拍身上的尘土，对小捷说：“俗话说得好，大起大落谁都有，拍拍尘土继续走。”

人们常说：“人到半山路更陡。”不知不觉间，我们登上了半山腰。正当我精疲力竭想要下车推车前行的时候，热心骑友又在我身旁为我加油鼓劲。终于，我还是凭借顽强的毅力登上了山顶。此时，我大口喘息的声音盖过了山林里的鸟鸣声、农田里的牛哞声和山涧里的流水声；又咸又涩的汗水又流入我的眼里，流入我的嘴里，流入我的心里。

我们在山顶上稍微休息。往山下望去，百亩稻田在山风的吹拂下如碧波荡漾，白鹭自由翱翔其中。这不正是唐代韦庄在其著名的《稻田》诗里描绘的“更被鹭鹚千点雪，破烟来入画屏飞”的美丽景象吗?

山路两边的稻田，也有刚刚翻耕过的。山风吹过，送来了泥土的芬芳和鸟儿的清脆鸣声。稻田里蓄满了清浅的水，倒映着蓝天白云，水色与天光交相辉映，满目清亮。辛勤的农民朋友在插秧，只见他们弯着腰，动作熟练地将一撮一撮青翠的秧苗插到稻田里，一边快速地往后退步。不久，一排一排秧苗在稻田里整齐地排着队，或许是在列队欢迎我们这些不速之客吧？

“手把青秧插满田，低头便见水中天。六根清净方为道，退步原来是向前。”看到农民朋友插秧的画面，我不觉吟诵起《插秧诗》，并深深地体会着后两句诗蕴含的哲理。

趁着骑行队伍中场休息的间隙，我带着小捷走到山路右边的一处丛林。丛林深处，居然隐藏着一个天然水库，水库边上，有一个鹤发童颜的老者在垂钓。老人身旁的一个浅水坑里，两条鲫鱼蹦蹦跳跳。很显然，这两条鲫鱼是老人从水库里钓上来的。忽然，两条鲫鱼一起跳出了浅水坑，大口地喘着粗气，彼此以唾沫互相润湿。“此之谓‘相濡以沫’也。”见此情景，小捷忽然冒出一句。“相濡以沫，不如相忘于江湖。”我接过小捷的话说道。

我的话似乎引发了老人的共鸣，只见他友善地看着我，抿嘴一笑，然后双手捧起浅水坑里的两条鲫鱼，将它们放入水库里。小捷问我：“为什么老人家要将钓上来的鱼儿又放回水库里呢？”我说：“此之谓‘钓胜于鱼’也。”小捷似懂非懂地点了点头。

山路的另一边，是一片秋瓜田，一条条成熟的秋瓜垂挂在竹架上。诗圣杜甫“每见秋瓜忆故丘”，而我每见秋瓜，总会忆起童年时美味可口的“秋瓜饭”。那时，陆丰这里，几乎每家每户都将易种易养的秋瓜（陆丰人称之为“肖瓜”）作为下饭或拌饭的“美味佳肴”。我家也在瓦屋附近的空地上种了秋瓜，等秋瓜成熟时全家老小尽情享受“秋瓜饭”。秋季过后，还要特意留下一两个熟透的秋瓜作为种子，留待来年春天埋下瓜子，又会长出新的秋瓜苗子。熟透的秋瓜晒干后，瓜瓤掏出来，那可是当时最环保、最实用的洗碗器具。据说，晒干的秋瓜叶子揉成粉末，还可为擦伤或刮伤的皮肤作“止血药”。

正当我沉浸在童年的美好回忆时，骑友们催我继续前行了。这时，走的是下坡路，而且依然是水泥路。于是，我和小捷保持全身心放松的状态，快速往下冲，尽情享受着山风带来的清爽。前半段的滑行比较顺畅，可是到了后半段，原先平整的水泥路上却布满了砂石。走在我们前面的骑友小心翼翼地沿着砂石路面上的车辙轨迹，慢慢骑行。我和小捷却因下坡时得意忘形而几欲“出轨”，好在及时放慢速度，调整状态后我们又规规矩矩重新上路。我想，人生的奋斗之路与骑车上坡、下坡是同样的道理：有些人历经千辛万苦，终于登上了某个高度；可是，在继续前行的过程中如果得意忘形而不按既定轨迹，是很容易“出轨”的。所谓“行稳致远”，只有行稳，才能致远。

“夕阳醉了，落霞醉了……”骑友黄先生的骑行车上配备的低音炮音箱里传来了美妙动听的歌声。“落日熔金，暮云合璧。”夕阳下，山路间，清风里，“乐途骑行俱乐部”的骑友们踩着矫健的步伐，继续前行，行稳而致远。

远方，想必又是另一道清亮而美丽的风景……

古迹生辉龙江寺

广东省陆丰市林启恩纪念中学　郑旺吉

好几回，我坐车从博美镇324国道经过，看到公路边“龙江古寺”的路牌，很想去古寺里看看。可是，每一次都是行色匆匆，未能如愿。7月21日，随着汕尾市作家协会“文化之旅”的队伍，我终于来到了博美镇龙江古寺。

当天下午，烈日当空，火辣辣地炙烤着大地。我们一行40多人分乘两辆中巴，经过博美镇北郊的村道，前往龙江古寺。一路上，我从车窗往外看，只见村道两旁的庄稼黄绿相间，长势喜人，丰收在望。时令已是农历六月中旬，金黄的稻谷刚刚收割不久，稻田里，一束一束的稻茬儿顶着烈日，整齐地排着队，似乎陶醉着昨日的辉煌，期待着来年的新生，诉说着万物的轮回。

我们一行来到龙江古寺门前。走下车来，一股清凉之气扑面而来，让我们身上的热气消失殆尽。古寺门前矗立着一棵高大的榕树，挺拔俊秀，枝叶繁茂，大大小小的树须盘绕在粗壮的树干上。听同行的文友说，那是一棵千年古榕，从北宋崇宁年间龙江古寺建立时就在此处扎根，历经千年岁月的洗礼，见证了古寺千年以来的荣辱沧桑。古榕树的主干上寄生着一棵麒麟树，树藤盘错，枝绿叶茂，千百年来与古榕紧紧依恋在一起。

据古寺住持介绍，龙江古寺是博美镇古八景之一，至今已有1000多年的历史，与韶关南华寺、潮州开元寺并列为广东省三大古寺，不仅是佛教古迹，还是革命圣地。这里，流传着洪莱姑的传说、和尚潭的故事、“圣杯”签解的趣闻和宋朝景炎元年宋端宗驾临古寺的史事，使古寺蕴含了丰富的历史文化。

第一次国内革命战争至解放战争时期，古寺是海陆丰农民运动东南片赤卫队的活动场所、中国共产党地下情报站“兰州站”、中国共产主义东南青年会诞生地、中国人民解放军飞虎队扩员壮大基地、解放军枪支物资仓库，在中国革命史上写下了光辉灿烂的篇章。近年来，龙江古寺热心为修建道路、扶贫济困等社会公益事业捐款捐物，为构建和谐社会做出贡献。听完了住持的介绍，我们对古寺更增添了一份尊崇敬仰之感。

我们信步走到天王殿。只见殿前两根石柱上“四龙戏珠”镂空雕刻的龙雕像栩栩如生，活灵活现；两根石柱上分别雕刻着“佛恩浩大渡万民千秋如意”“法雨长施愿人间百年吉祥”，彰显着佛教普度众生、祈愿国泰民安的教旨。天王殿里，四大天王各执兵器，威武勇猛，日夜护卫着千年古寺，无不令人心生敬畏景仰之情。接着，我们又到大雄宝殿参拜了释迦牟尼佛祖和观音菩萨，观赏了蕴含古寺历史文化、凝聚百姓聪明智慧的精美绝伦的各式石雕、木雕等，无不为传承千年的博大精深的中华优秀文化而感佩，而自豪，而振奋。

“嘿，过来登塔赏景咯。”几个文友招呼我。于是，我们来到福报塔。塔门上“人间正觉增智慧，众生有缘自福报”的对联引起了我的深思。我想，这是在宣扬人们应对万事万物抱有正确的觉悟、认知才能增长智慧，平日里要多行善事方可与福报结缘的道理吧！

或许，也是在阐述物我之“遇见”必须“有缘”在先的道理。就如我这次参加采风活动，一方面让我又遇见了汕尾市作家协会和陆丰市作家协会的许多老朋友，另一方面让我遇见了20多年前我教过的学生，现在在陆丰市职业技术学校教书的郭老师，又遇见了彼此认识才一年多、来自陆丰市玉燕中学的林老师。我与这些新老朋友之间，因为“有缘”，所以“遇见”，他们在工作、写作、处事、修养等方面，有很多很多值得我学习的地方。我想，多向他们学习，定能让我长见识，明道理，增智慧。

不知不觉间，我们登上了塔顶。极目远眺，广博而丰美的博美镇尽收眼底：南面，穿城而过的广汕公路上车水马龙；西面，人烟稠密的博美圩内高楼林立；北面，碧绿无垠的田野里生机勃勃；东面，水势浩渺的八万河流向远方。

来自东海镇红卫学校的肖老师自幼在博美镇长大，她热情地向我们几个文友介绍起了八万河：八万河源于八万镇双派山区，由多条山涧小溪及山泉汇集而成。此河婉转连绵数十公里，细水长流，养育了一代又一代的博美人。八万河一路向前，流经龙江古寺山下的“五里牌水库”和博美人街知巷闻的“二十孔桥水闸”，最后排入桥冲渡头溪，经乌坎港直通浩瀚无边的大海。听了肖老师的介绍后，我深深地感慨：作为一个在陆丰土生土长的中年教师，我居然不知道有一条八万河，不知道因为一条八万河，而让八万遇见了博美，遇见了桥冲，遇见了乌坎！

往事越千年，古寺生新辉。在新时代春风的吹拂下，龙江古寺必将迎来良好的发展机遇，被建设成既有古代风格气息，又有现代建筑气派，集优秀文化传承和爱国主义教育为一体的旅游胜地。

立夏难忘薄饼香

广东省陆丰市林启恩纪念中学　郑旺吉

“斗指东南，维为立夏，万物至此皆长大。”立夏，是中国重要的传统节气之一，它是一年四季之夏季开始的日子。在陆丰，立夏前后吃薄饼的风俗世代相传。薄饼，可称为独具陆丰特色的美食，因用来包裹美味内馅的是一层薄薄的饼皮而得名。美味可口的薄饼承载着许多美好的回忆，蕴含着许多真诚的情谊。

20世纪80年代初期，在陆丰，许多家庭普遍经济困难，一般只在传统节庆的日子里才能吃到美味佳肴。我家也不例外，春节过后，我们兄弟姐妹几个就巴望着农历二月初一能吃上香甜的“甜粿糜”，清明节能吃上可口的“假发仔”，四月初八能吃上丰盛的“香饭茶”。之后就盼望着立夏的到来，能品尝美味的薄饼。薄饼的内馅一般由猪肉、虾肉、炒蛋、葱头、豆芽和菜脯丝（萝卜干）组成——这些佐料对于当时的贫穷家庭来说还是有一定的经济压力的。因此，当时许多家庭基本上是每隔两年吃一餐薄饼。当年吃不上薄饼的人家，就吃炒面或面汤——虽然比不上薄饼“奢侈”，但也称得上“美味佳肴”了。

当年虽家境贫寒却性格乐观的陆丰人，将吃炒面、面汤和薄饼分别戏谑地称为“吊脖”“跳水”和“卷草席”——或许是因为长长的炒面形似寻短见时“吊脖”的绳索，瓷碗里盛满面汤很像“跳水”的湖泊，卷好的薄饼形似草席卷铺盖的缘故吧！依稀记得那些年，每到立夏日到来，左邻右舍见面时就会问声“今晚你家卷草席吗？”“是啊，我家今晚卷草席，过来我家一起卷嘿。”“哦，没有。我家今晚跳水。”“我家今晚吊脖，明年立夏才卷草席吧。”因每家情况各异，回答不尽相同。忘了在哪一年，著名戏曲电影《卷席筒》播出，从第二年开始，“卷席筒”也成为吃薄饼的新戏称。

盼望着，盼望着，春雷响了，立夏的脚步近了。立夏一到，薄饼的香味就能闻到。到了20世纪80年代后期，我家的经济有所改善，终于能一年吃上一次薄饼了。到了立夏这一天，我们兄弟姐妹几个总会围在大灶旁，帮助母亲切猪肉，炒鸡蛋，洗葱头，拣豆芽，母亲则在一旁烙饼皮（陆丰人称之为“薄饼壳”）。等到又单薄又柔韧的“薄饼壳”烙完了，母亲又忙着炒肉丝、蛋丝、葱头和豆芽菜等佐料。闻着香味扑鼻的薄饼佐料，我们馋得直吞口水。激动人心的时刻终于来了，接下来是全家老幼端坐在杉木长凳上，围着红漆斑驳的八仙桌，尽情享用美味盛宴——陆丰薄饼。

母亲负责包薄饼。只见她将薄饼壳平摊在桌面上，先在上面均匀地涂上橙膏，然后放入肉丝、蛋丝、葱头和豆芽菜等佐料，撒上些许白糖；再用薄饼壳将所有的馅料卷起，两端折叠，包裹扎实。薄饼包好后，祖母叫我拿两卷送给隔壁年迈的阿婆吃，再为她送去一碗瘦肉清汤。然后是祖母、父亲享用薄饼，接着才轮到我们兄弟姐妹们吃。母亲则是等我们都吃完了，她才吃。吃完薄饼，母亲擦拭桌子，清洗碗筷，父亲冲茶孝敬祖母，我们兄弟姐妹们则挤在狭小破旧的屋子里做作业。

1990年，我读高三。那年立夏，我邀了班里一个家住农村的小吴同学到我家里吃薄饼。出身贫困家庭的小吴同学到我家里，看到馅多味美的薄饼，一口气吃了两卷。第二天，他略带歉意地对我说：“昨晚真是不好意思啊，到你家吃了两卷薄饼，使得你家人吃少了。”我说：“家里早就备多几份了。”时光荏苒，如今，距离小吴同学到我家里吃薄饼已有二十多年。在这二十多年里，不管时空如何流转，无论世事如何变迁，我和小吴（其实如今已是“老吴”了）一直保持联系。虽然很少见面，但每次通电话时，两人都会不约而同地说起“两卷薄饼的故事”，彼此之间似乎都能闻到二十多年前那两卷薄饼的香味。

“你手机响了。”爱人的提醒把我的思绪从回忆中拉回现实。我接过手机，是同一小区里我们的“金厝边”（好邻居）小梁打来的，他邀请我们夫妻俩去他家吃薄饼。“不是还没到立夏吗？怎么那么早就吃薄饼啦？”我说。

“你是忙工作忙傻了吧？现在是什么社会啦？吃薄饼还要等到立夏？”电话那头，邻居小梁哈哈大笑。是啊，以前家境贫寒只能等到立夏才能吃到薄饼。如今，在陆丰，各种特色美食应有尽有，不论何时何地，想吃就吃，好吃你就多吃点儿。在邻居小梁家里享用了美味的薄饼后，鉴于礼尚往来，我邀请小梁全家到我家里品尝陈年普洱茶。我们边品茶，边聊天。突然想起了薄饼的别称“卷席筒”，我特意通过手机微信搜索功能，点开河南曲剧传统剧目《卷席筒》的视频，边看戏，边回味薄饼的美味。

岁月如歌，人生如茶，陆丰薄饼味无穷……

（本文于2018年11月24日被选入《语文主题学习》丛书文章备选库）

家祭无忘念亲恩

广东省陆丰市林启恩纪念中学　郑旺吉

按照家乡风俗，每逢传统节日，如春节、元宵、清明、端午、中秋，以及先祖忌日，都要举行家祭仪式：摆上满桌鱼肉（称为“牲礼”），冲上几杯清茶，斟上几盏米酒，点上几根香烛，子孙叩头跪拜祖宗，迎请祖宗“回家”享用美食，以缅怀先祖，祈求赐福。

在海陆丰地区，家祭习俗代代相传，是人们致敬先人、寄托哀思的重要方式。这种传统习俗之所以长盛不衰，一方面是源于“百善孝为先”和“慎终追远”的传统观念，在传统节日和先祖忌日对祖宗先辈表示孝敬之意，寄托哀悼之思，表达怀念之情；另一方面是由于人们深信祖先神灵可以保佑子孙后代，使子孙后代兴旺发达。而现代社会，由于生活节奏加快，工作时间制约，或者居住、学习、工作地点远离家乡，很多年轻人已无法在家祭之日回家祭拜祖先。

诚然，随着社会的发展，人们的观念不断更新，孝敬、缅怀先祖可以有不同的方式。或者有人认为老人在世时好好奉养，远胜于老人过世后隆重祭祀。这些看法都没错。只是，如今已步入中年的我，由于少年时代见证了祖父、祖母和先父、先母历经的贫困艰辛生活，以及深受家族奉亲思孝、善良淳朴优良传统思想的熏陶，一直十分重视家祭仪式。

年少时，家境贫寒，祖父、祖母，父亲、母亲艰辛劳作，勤俭持家。全家人省吃俭用，只有在过年过节时才能吃上稍微丰盛的饭菜。而丰盛的饭菜，是要先孝敬祖宗的。每当家祭时，祖母和母亲总是忙着摆放牲礼、香烛、茶酒等供品，我们兄弟姐妹几个会在一旁帮忙。然后由祖父带头，全家人恭恭敬敬地跪拜祖宗，祖母口中念念有词——大意是郑家门全体子孙跪拜在祖宗神位前，恭迎祖公祖妈“回家”，接受子孙敬拜，并庇佑子孙幸福安康，财丁两旺。

祭拜先祖时，饥肠辘辘的我，看着祭桌上丰盛的鱼肉，忍不住吞口水。此时，祖母就会庄严肃穆地说：“先让祖公祖妈享用了，你们再吃。”祖宗祭拜完毕，烧了纸钱，我们兄弟姐妹几个就最高兴不过了——终于可以尽情享用难得一遇的丰盛饭菜了——最好吃的当数祖母制作的“菜头丸”和先母制作的“酿豆腐”，那真是物美价廉、美味可口的菜式了。不过，我们家教很好，大鱼大肉孝敬给长辈，几兄妹等着父母逐一将鱼肉分配到我们各自的盘子里，才开始吃。

20世纪80年代末，敦亲睦邻、勤俭一生，还没真正享受过清福的祖父、祖母相继离开了我们，我们全家人悲痛不已。祖父、祖母去世后，我们一家继续过着清贫勤俭的生活。每逢家祭，就由父亲和母亲打理了。后来，我家经济渐渐有所改善，兄弟姐妹都各自成家立业，辛劳了大半辈子的父母终于可以跟着子女们过上好日子了。无奈病魔无情，前几年，还没好好享受清福的父亲和母亲也相继离开了我们。

此时，跪在祖宗神位前祭拜祖宗，我眼前又浮现祖父祖母和先父先母慈祥的面容，勤劳的身影。

老黄牛

广东省陆丰市龙山中学　林传名

乡村是我永远的情结。在我的全部生活中，乡村是最重要的。特别是家中的那头老牛，更是我心灵的伴侣，令我魂牵梦绕。

那年，我在广州求学，算是走进大城市了。但乡村里的狗吠鸡鸣牛哞，薄薄的晨雾和袅袅的炊烟，静静流淌的小河；茂密的小草尖上，晶莹剔透的露珠闪耀着太阳的光彩。特别是年老的父亲，用老牛拉着笨拙的犁，犁开了一圈圈新鲜的黄泥土，犁翻了一个个寂寞无奈的日子——这一切的一切永远定格在我人生的坐标里，是我记忆中一场不散的宴席。

童年时，无数个清晨，朝雾渐渐地升起，揭开了灰苍苍的天幕，远远近近的炊烟，成丝的、成缕的、成卷的，轻快的、迟重的，浓灰的、淡青的、惨白的……

我牵着那头老牛出发了，我骑在硬朗的牛背上。老牛在一条条一道道的田埂上自由自在地吃着草。有时昂起头，凝神看着我，在不断地传递着内心独特的情感，一丝的“俗念”都沾屑不得！那悠闲而信任的眼神与我的内心产生了无限的共鸣，无穷的震撼！

就这样，幼稚无知的我，看见满树的黄叶纷纷飘落的时候，便知道是秋；看见叶子绽绿枝头的时候，便明白是春。天冷了，穿上棉袄；天热了，脱下棉袄。日子就在黄牛不断的老去中，渐渐地流逝了；在黄牛年复一年、日复一日的犁耙下，慢慢地缩短了。

在花开花谢、潮起潮落，天外的流星与田畦间的飞萤不断的更替中，日子轻轻地一飘而过。但牵着老牛在河边吃草，我却感到很惬意，因为香草在我的脚下，夹着水草味儿的风扑在我的脸上，星星点点微笑着的野花在我的周遭。还有身边的小河，流着温驯的水波，流着日日夜夜以来多少缠绵的恩怨。

随着日子的更迭，黄牛越来越老，拉着笨拙的犁耙越来越慢。我也渐渐地长大了，越来越知道外面的世界是那样精彩，那样梦幻迷人。孩提时，想跟着老黄牛慢慢老去，一起犁耕那一块深爱着的土地的梦，最终，梦破碎了，醒来后一片荒凉。

最后一次，青年的我牵着年迈的老牛，重新放牧于小河边，依旧看着满山绿草，清澈的河水悠悠地流着，独木桥在河水无数次的轻吻下，湿漉漉地布满了青苔，但老黄牛再也不能载负起我沉重的躯体。

我的内心惶恐，空虚，我看着老黄牛眼里透出的忧郁而伤悲的神色，生怕老牛总有一天会死去，会离开我。

日子慢慢地走着，那一个朦胧的早晨，老牛的生命走到尽头了，它躺在牛圈里静静地死去了，那样安详。

它的一生就这样无怨无悔地结束了。老牛去了，但在我的心中，它却永远地活着。从老牛的死去，我才初次悟到生，悟到生与死之间一种幽玄的丝缕，一丝别于人与人之间的牵挂，一种别无选择的归宿。这世界是复杂而黑暗的，但我却永远久储着老牛的执着，真诚永挚的灵光。

乡村里，家家户户都养着各自心爱的老牛，因为牛就是农民的生存，就是农民的财富。看着乡亲们从不怨天尤人，每天日出而作，日落而息，沿着太阳的方向，牵着自家的老牛，走向田园，走进庄稼里，都是那样的朴实，那样的温馨，那样的和谐。那一个个落后而执着的镜头深深地烙印在我的记忆中，挥之不去，挥之不去！

一头老牛，只能以卧倒的方式，感谢喂养它的青山，感谢它走过的道路，以及前来叨念它的人。

老牛老了，但世界依然年轻地站在它的面前。

牛角向上，刺破天空的沉默。

乡村是我出生的地方，是我生存的依托，是我寻梦的海洋。老牛是紧守精神家园的守护者，是我圣洁情感的督促者，是我寻梦的引导者！

［本文于2019年7月1日刊发于《陆丰文学》（第13期）“名师作坊·广东省中小学郑旺吉名教师工作室师生作品”专栏］

母亲的那一头秀发

广东省海丰县彭湃中学　叶秋娜

玉兰树下，两个小女孩。

卷发的小紫涵乖乖地坐在小椅子上，我家琪琪正在给她编辫子。琪琪编辫子有一点点拙笨，好不容易系起来，但还是感觉不满意，于是又把它拆了。就这样，安安静静地，两个小孩儿在那里玩儿了两三个小时的扎辫子。

“像极了小时候的你。”说这话的是我母亲。母亲笑了，我也笑了。

母亲曾有一头非常漂亮的长发。在小时候的我的心里，母亲是最美丽的“长发公主”。每次母亲手里干着活儿，任由她闺女站在身后，把她的头发当成玩具，随意折腾。母亲那如瀑布般的及腰秀发，软软的，滑滑的，还散发着特别好闻的淡淡的清香。我喜欢用我的小手把住柔韧的发丝，把它们系起来，然后松开；又系起来，又松开。反反复复，不知道多少次。有时候，我玩儿累了，就双手环抱着母亲的脖子，把头埋进母亲柔软的头发里，睡着了，做着甜美的梦。

和女儿、外孙女一起在玉兰树下乘凉，母亲喜欢拿出压在箱子底的那一张张泛黄的黑白照片，和我聊她年轻时候的故事。20世纪70年代末，母亲就烫着非常时尚的卷发，穿着修身的喇叭裤与花式非常漂亮的衬衣。母亲最爱用她那夸张的语调描述当时烫发的情景：理发师傅会烧起一个非常热的火炉子，然后把烫发的铁夹子放在火炉里烧。理发师傅可会掌握手里铁夹子烧热的火候了，“滋”的一声，就把客户的头发烫成弯曲的样子了。每次听着，我总感觉头皮热乎乎的，还恍恍惚惚仿佛听到了头发被烫烧的“滋滋”声，隐隐约约好像闻到了一股头发的烧焦味儿。不管母亲描述的过程有多么不可思议，照片上母亲的头发确实卷着非常漂亮的大波浪，而且眼前陷入美好回忆的母亲眼里总闪烁着耀眼的光芒。

我读中学的时候，父亲承包了村里的鱼塘，开始了早出晚归的生活，我也因为住校，很少回家。每周末回家，也是很难和母亲一起坐着闲聊，因为每天母亲都是早早起来做了早饭，就到鱼塘干活儿去了。母亲的一头秀发，卷了起来，扣在草帽里面，所以不仅耷拉着，全部黏贴在头皮上，还经常浸泡在母亲辛苦劳作的汗水中。到晚上回来，洗头的时候，母亲的头发总是掉了一大撮。好几次，母亲对着手里的一撮头发发呆。而中学的那段时光，也是我性格叛逆的时候。我简直不听话到极点，凡事都喜欢和母亲对着干，母亲让我坐着我偏站着，让我站着我偏坐着。我也不知道为什么我喜欢那么做，仿佛能够把母亲的脾气挑战到极点，我心里就很痛快似的。

现在想着，那时候的母亲，心里该是多难受呀。一直到一次周末回家，看到剪成短发的母亲，我很是震惊："妈，你的头发……""剪了，烦恼丝，老掉发，这样比较方便。"母亲只是淡淡地回答。骗人！母亲是多喜欢她自己的一头秀发呀，怎么舍得剪掉呢！我不信地用手抚摸着母亲现在还不及耳朵的头发：干而且少！我的手指竟然完全感觉不到以前的一丝顺滑！天啊！这怎么会是我母亲的头发！我有多久没有抚摸母亲的头发了！想起自己近日与母亲的针锋相对，心里无比后悔和懊恼，鼻子一酸，眼泪就不自觉倏地滑下。

其实打那时候起，母亲就再没有留起长发。也不知道是从什么时候开始，母亲的白头发开始疯长。是从那个我哭着跑回家，让母亲愁得整宿整宿没合眼的晚上开始的呢？还是从那个来自医院急诊的电话，让母亲撕心裂肺的午夜开始的呢？我真的不知道。仿佛就在一夜之间，母亲的整头头发都是花白花白的了。也仿佛就在一夜之间，母亲那傲娇的身材就变得臃肿了。好几次，看着她走在我面前渐行渐远的身影，我不禁想起一句话，所谓母女母子一场，只不过意味着，你和她的缘分就是今生今世不断地在目送她的背影渐行渐远。你站立在小路的这一端，看着她逐渐消失在小路转弯的地方，而且，她用背影默默告诉你：不必追。母亲，老了。

"老了"，母亲看着镜子中的自己总会这样说。是的，女儿都成家了，女儿都有孩子了，您怎么不老？！可是有一天，母亲买菜回来，眼睛里闪烁着久违的光芒：“市场里的小玲猜我才四十多，女儿你说，妈妈是不是挺显年轻？她说，用这个美颜发彩染下白发，就更年轻了！”我知道那是生意人的套话，我母亲竟然当真了。但是能让她这样开心，不正是会让她变得年轻吗？“对的，妈，我现在就帮你调好，给你染发。”

起风了，玉兰树上的花瓣漫天飞舞，空气里弥漫着沁人心脾的香味儿，惹得鸟儿们一阵狂喜，叽叽喳喳地叫个不停。两个小女孩开始捡起了花瓣。树下的母亲依然拿着那一张张泛黄的照片，给我讲难忘的往事。而我，正一边听着，一边给母亲披上披肩，把母亲花白的头发，一点一点地染回原来的黑色。

小竹林

广东省陆丰市玉燕中学　何平旺

打从我还没出生起，我家屋后就有一片不大的竹林。小小的一块地，有几十根竹子伸向天空，错落地扎根在屋后。我给它取了个名字——小竹林。

大概五六岁的时候，我便和邻家的玩伴在我们那小渔村的周围瞎晃荡，去后山钓蜻蜓，到“乌坭湖”抓泥鳅，或者退潮的傍晚到海边捡贝壳、用破渔网捞小鱼……当然，做这些我们都是偷偷跑出去的，不让家里人知道。不然，总免不了责骂和挨打。

尽管如此，我经常不按时归家的行为还是引起了家人的恼怒。每天，我一大早出去，等到傍晚天快黑了才回家，不免让家人有些担忧。而且，母亲到邻居家里了解了情况，知道我总是在外面瞎跑。所以，我被严格地限制了自由，被强硬地留在家里，不能出门了。

在母亲严厉的要求下，小伙伴都不敢来找我了。刚开始，我嚷着吵着要出去，母亲用好吃的、好玩的哄我都没用。就在这时，父亲从里屋阔步走出来，恶狠狠地瞪着我。迎着那凶狠的目光，我便不能作声了，因为我再吵可能要挨耳光，甚至被吊起来打。当然，父亲从来没有吊打过他的孩子，只是嘴上说说而已。但是，耳光我是挨过的，一个巴掌劈头盖脸下来能把你打得晕头转向，眼冒金星。

那个时候，不能反抗，不能外出，不能做自己想做的事情，不能玩自己想玩的东西，对一个小小的孩童来说，心里那是什么样的滋味哟。真的，我是想不出能做什么了。于是，我总是躺在院子里的走廊过道上发愣。我百无聊赖地伸展身子，仰望着蔚蓝的天空中飘过的白云，一会儿出现绵羊清悠漫步，一会儿又成了老虎张牙舞爪，又变幻作公鸡、黄牛……

有两只花蝴蝶霎时闯入我的眼帘，它们身上彩色的花纹令我眼睛放出亮光，我一骨碌地坐了起来，用那时儿童时代钦羡的目光注视这两只蝴蝶相互逐戏。悄悄地，两个漂亮的身影隐没在院后的竹林中。

于是，我来到了小竹林。

我的面前是一根根直立挺拔指向天空的青色竹子，竹干分枝的叶子茂密地拥揽在一起，就在这十多平方米的小块空地上生长着五六十株之多，而且，每株竹子都有三到七米高。不知何时起，这些瘦高个儿们就扎根在我们家的屋后，而小竹林后面是漫漫的野草和芒刺。显然，小竹林是被人们遗忘的角落，但却成了虫儿们和鸟儿们理想的娱乐场所。

瞧！那些鸟儿在竹梢上欢心地跳跃，时不时还哼着小曲儿，大黄蜂“嗡嗡嗡”地在竹竿上穿梭，晃着大脑袋的红蜻蜓在竹枝上盘旋，累了就随便停落在叶片上或细枝上歇息。倘若这时，你用力摇动竹子，必定会惊起这些大眼睛的小家伙们，它们一大群在一时之间冲向空中，漫天飞舞，那个壮观的场面会让你赞叹不已。此外，还有身披绿色铠甲的金龟子，还有拥有一双“剪刀手”傲气十足的绿色将军——螳螂，还有天牛、七星瓢虫、大蝉等。

母亲知道我在小竹林里玩，也没有加以指责，只是叮咛我要小心那些小虫，不要被它们咬伤，要按时回家吃饭之类的话。毕竟，这里比起海边和湖边还是要安全得多。

自从有了小竹林，我的生活又有了新的乐趣。

一片新奇的小天地，对于我们几个小伙伴来说就像是哥伦布发现了新大陆那般高兴。我们三三两两穿行在小竹林里，探寻隐藏在这里的秘密。

在这里，我们目睹过蜘蛛和蜈蚣是怎样进行一场生死的搏斗，一条条从蜘蛛肚子里扯出的细线又是怎样将这个“百足之虫”捆绑起来，倒挂在一张“八卦”网上的。掰开几片包卷在一起的竹叶，你会找到一条红头绿身的虫子匍匐着向你爬来，这便是竹叶虫了。许久过后，我才明白：那些在天上轻快飞舞的漂亮蝴蝶原来就是这些丑陋的虫子们变成的啊。我还见过蛐蛐儿模样的爬虫，有一天，它们会从土里钻出来，脱去外衣，长出翅膀，飞向枝头，俨然变成了大蝉，“知——知——知”地鸣叫……

这一切真是太神奇了！

然而，等到我满7岁的一天，父亲突然变得非常和气，摸摸我的头，对我说：“孩子，长大啰，不能再让你瞎跑了。给你报名了，明天就到学校上学去。”他从背后拿出一个崭新的蓝色书包递给我，说：“到学校要好好听老师的话，不要再胡闹了，知道吗？”我接过书包，点点头，就跑回了自己的小房间。那天晚上，我躺在床上辗转反侧地想：那个叫作老师的先生应该很严厉吧。听说上课学生都不能乱动，只能静静听先生讲话，那不是太闷了吗？钓鱼捉泥鳅恐怕不被允许吧，那么捕大蝉也要反对吗？

第二天，父亲把我送到教室，和一个瘦瘦高高的中年男人攀谈了几句，似乎是说：“孩子很调皮，老师要严格管教”之类的话。之后，我又恭恭敬敬地朝那个男人鞠了一躬，说：“老师好！”瘦高男人笑了笑，露出几颗黄牙，伸手碰了我的头，说：“还是蛮聪明的嘛！”接着，他又呵呵地笑了起来。父亲走后，我就被安排在第一组第一排第一张桌子坐下。有一个圆圆胖胖，顶着一个大脑袋的男人绷着一副脸走进教室，嘻嘻哈哈的教室顿时安静下来。大脑袋男人自称是这里的校长，用浑厚低沉的声音说了这里的规矩。就是不能上课讲悄悄话、做小动作，不能做破坏课堂纪律之类的话。完了，讲台上又换了一位长头发的女老师，长得很好看，却让我们喊了两节课的“a、o、e”；上完了语文课，又有写“1、2、3”的数学课——说句实话，我并不喜欢那个教室，也不喜欢上学。因为，课堂上经常是乱哄哄的，那种嘈杂的声音比夜晚的猫叫还讨厌。更主要的是，课室里闷得我心里难受极了，却又无可奈何。

从此以后，我便没有再到小竹林去玩了。一方面，是伙伴们都进了学校，不会轻易出来了。另一方面，大家都读书了，长大了，不能和小虫混一块儿了。家长也要孩子学点知识，考个好分数。他们感慨他们那一代人出生在一个动荡的社会，大多数人都是文盲，识字念书的人不多，所以寄希望于孩子，希望孩子能有出息，能走出这个小渔村，考个大学，有出人头地的一天……

岁月的脚步匆匆忙忙，十多年也是在弹指一挥间。

去年寒假我回到老家，看到那片小竹林已经被人砍掉了，只留下几个光秃秃的竹桩，剩下的只是空荡荡的一小片地方，还有横竖不一的杂草和藤蔓。

问起母亲，她讲起“榕前竹后”的道理来：屋前有榕树，屋后有竹子都是不吉利的。我听后默然无语，只是觉得母亲老了就越发相信风俗迷信了，以前可不是这样哦。

小竹林消失以后，那段时间里，我心里总是空空落落。老是会幻听到风吹过“沙沙沙”的竹叶声，以及竹枝上鸟儿们清脆的歌唱。但这些只留在回忆的角落里，现在已经不复存在了。

过完春节，我离家返校。一到学校，天空中就纷纷扬扬地飘落着细碎的雨珠。我看着滴在泥土上、草地上的雨滴，忽然又想起小竹林，心里默默地想着：春雨过后，竹子们也该冒尖儿了吧。

［本文于2019年7月1日刊发于《陆丰文学》（第13期）“名师作坊·广东省中小学郑旺吉名教师工作室师生作品”专栏］

母爱：扯不断的红丝线

广东省陆丰市玉燕中学　何平旺

每当我想起家中的母亲，便不由得平添几许感伤。我自知能为母亲做得太少，而母亲为我们这些孩子做得太多，她的心总是操劳的。

寒假的时候我们兄弟三人约好一起回家，一来我们兄弟三个一年到头难得有机会回来，一家人团聚共守新岁；二来这也是母亲的一桩小小的心愿。她在电话里总免不了反复地叮嘱："你们兄弟三人一起回家，知道没？你大哥和弟弟要你一起回家的。"我频频应许，心里涌起一股热潮，言语竟有些干涩了。

最近几年，我们兄弟三人陆续离开母亲，从家里出来，先是大哥，后是弟弟，接着是我。大哥和三弟是出来工作，我是外出读书。一年到头极少有时间在家里，而母亲心里却全是她的这几个孩子。过年全家能够团聚，也就成了她的心愿。

我回到家后，母亲自是满心欢喜。她又是帮我打扫房间、装递棉被，又是给我端饭送汤，忙这忙那的。我叫她歇着，她也不理会。我和妹妹要帮她，她执意不让。我看着母亲的身影进进出出，忙里忙外的，可我自个儿却安然坐着，心里真不是滋味。

才短短半年多不见母亲，她越发老了。头发白了一大片，消瘦的身躯越显单薄，面容憔悴，皱纹深深浅浅地爬上了额头，说话的声音也大不如先前响亮。后来，妹妹告诉我，母亲近些日子身体虚弱，吃了些中药，时好时坏。她常常头晕目眩，腰酸骨痛；睡眠也不好，几次三番深夜醒来，不能成寐；食欲也不如从前，每餐只喝点粥或吃一碗饭，吃几口清淡的菜。我暗暗难过地想，大概是她太操劳的缘故吧。为家庭，为孩子。

过年了，大哥和三弟终究没有回来。大哥在深圳本来说要过几天回来，又说年二十九回来，可最后还是没有回来。他说公司太多人回家，他走不开，老板也是苦苦挽留，所以回不得家了。母亲放下电话后，呆呆地坐着，半天没说出一句话来。三弟的解释倒是干脆：公司要留他，又有丰厚的奖金，所以他就留在了东莞。刚开始几天，我都会留意到母亲时常在房间里暗自神伤，做事情也不太利索了，我劝慰她，也无济于事。至于置办年货，张罗食物和果品差不多是我、妹妹和父亲在忙活儿了。直到大年那几天，大哥和三弟接二连三地打电话回家，先是给母亲拜年，又说要拿多少钱给她当压岁钱，还说发多少奖金啦，准备买什么礼物给母亲啦……母亲才略微有了宽慰的笑容。

过了正月十五，我要回校了。母亲要送我到车站，我和父亲不想她麻烦，她也不好说什么。她把我的行李递给我，又叮嘱了几句。我快跨出门口的时候，回头看了一眼，母亲目光直直地望着我，是难舍，也是无奈。我心情很复杂，低下头不敢看她。父亲催促了一声，我才拿起行李加快了脚步。

我一回到学校就马上打电话给母亲报平安。她又从我生活的每一个细节询问起来，我反复地跟她说：“我在学校很好，钱够用了，同学和老师对我都很好，饭食也不错，我会好好照顾自己的啦。妈，你不用替我操心……”这样有一搭没一搭地把话讲了半个多钟才结束。母亲才稍稍有了些宽心。

二十年来我不曾为母亲做些什么，尤其是离开家后，时常感到自责，总觉得能为母亲做得太少，而母亲为我们做得太多。我们几个兄妹是母亲的心头肉，虽然各居一处，却仿佛有一根扯不断的红丝线把我们的心牵连在一起。无论何时何地，都系着我们的心，传递着世界上最伟大的爱。

第三辑

峥嵘与铸魂

时光瓶在你手中停留

广东省陆丰市林启恩纪念中学　蔡赞生

一、回望

时光瓶在你手中停留，一段封存的记忆在你手中开启了。我试着出去，静静地看你，静静地看这最好的翻天覆地的新时代。

请你用指尖轻轻划过我的脸庞，我年轻的主人，18年了，当然，今天他依然年轻，36岁的他更是意气风发。他的新的一天也开始了，新鲜，热切，一切都在升腾：读秒，发射，欢呼，沸腾……

二、18岁，你好

当阳光再次唤醒大地，我迎来了我的18岁。你好，2018！你好，18岁！你好，伟大的新时代！

时间是最伟大的书写者，它总会忠实地记录下不一般的印迹。2000年，我幸运地降临；2008年，北京奥运会；2013年，“天宫一号”首次太空授课；2017年，党的十九大树立一座里程碑，习近平新时代中国特色社会主义思想凝聚起改变中国的力量，伟大的中国人在新时代开启新征程。

人是时间的尺度。今天，我留下我的声音，是想记住这份美好，记住这最好的时代。像我们这样，生来就要展示，展示这些精彩的画面。时间和言辞不能见证一切，一定能找到镌刻的瓷器，证明历史的丰碑。一定有澄澈的溪流飘浮过精致的时光瓶，于是，我把这闪光的容器寄往2035年，定义为“不负伟大的新时代”。

这是让改革有新气势的时代，中流击水浪遏飞舟；这是让社会有新风尚的时代，各项事业蒸蒸日上。曙光升腾、万物生长，我们的国家，如春潮，如朝日，如百卉萌动……我们的身边处处生机勃勃的新气象。

党的十九大庄严宣告：“中国特色社会主义进入了新时代。”“中国梦是历史的、现实的，也是未来的；是我们这一代的，更是青年一代的。”生逢其时给了青年一代最大的际遇，时代赋给了青年一代伟大的使命。

从2020年出发，寄往2035年，在全面建成小康社会的基础上，我们这一代人，正赶上属于我们奉献立功的时代，再奋斗十五年，伟大的祖国基本实现社会主义现代化。背负着梦想，伴着时代的钟声出发。一个18年的追梦旅途，正是由我们自己的奋斗去铸就。圆梦的路或许跌宕起伏，甚至无法预知，但我们依然风尘仆仆，一往无前……

从今天出发，寄望2035年，凝聚磅礴力量，激荡全新梦想，以今天的奋斗成就18年的荣光。

三、相遇

带上嘱咐，我启程了，在诗意的浪花中与万千美好的事物一一相遇。一路不忘初心、牢记使命，以“满格电”的姿态，艰苦奋斗，一路快慰百舸竞发，跃马逐梦时代风尚。我渴望通过大海的深邃、清波的澄明，去领略与感受时代巨变中的勤苦与喜悦。静浮在阳光下，我感觉到只有鹰与蓝天，才配得上这个时代奋进的生命。

星空璀璨，时光瓶映照出银河的光，又一代人正用属于自己的能量，赓续中华民族的精神血脉，照亮卓绝、不凡的梦想。

别样的人生，一样的情怀

广东省陆丰市龙山中学　林传名

那一代人，我的爷爷。在遥远的1943年，眼睁睁看着饿死了很多人。很多话，很多情，却无处诉说，压在胸口。正如积雪一样压在胸口，日日夜夜，太多眼泪，不停地奔流。

我想向2035年，18岁的你们，诉说，人生，无一不是从滚滚的红尘中开始，要是能在雪中结束，多好。

可是，现实没有这样。这是历史的隧道，岁月的时光机，用点滴的事件，见证了一路走来的不易。2035年之后，你们要珍惜美好的生活。

生命的大雪，扑疼了爷爷。2035年，18岁的你们，回过头来听，恍若穿越。你们一定知道，那一串串深陷雪中的脚印，正是印证了诗与酒、情与火的使命。也折射出一个国家，一路走来的风风雨雨，以及从大雪纷飞到阳光明媚。

我想告诉18岁的你们，关于我父亲那一代人的故事，那时的你们，也许理解得不深入。但是他那一代人，却真正地活在中国铁质的泥巴上。

父亲多少次想象着这样的画面：春日的早晨，和你们听绿荫中清脆的鸟鸣；夏日的午后，陪着你们喝着工夫茶看云彩慢慢遮住天空；秋日的黄昏，陪你们闻田野稻谷丰收的味道；冬日的夜晚，陪你们讲讲中国梦的故事，还得烧旺一个民族的炉火，撩火一个民族的灯盏……

2035年，18岁的你们，应该明白18年前的我，是一个多愁善感的人。我这一代人，多少个晚上，想去远方，在无人认识的小镇上孤寂地给你们写信。想通过自己勤劳的双手，创造出美丽的中国梦。

我还会告诉你们，到了你们18岁的时候，中国的天空是多么的蔚蓝，无边无际，看着大片的白云，我也会忧伤。春天是多么短暂，雨季紧随其后。那是为了一场美丽的盛宴而准备的清凉。

我会像一朵蘑菇，在一夜之间就长大了，变老了，但我还爱着18岁的你们。

我想与你们谈谈古老的传说，谈谈汶川大地震，谈谈“天宫一号”，谈谈“精准扶贫”，谈谈小康社会……多好！还有，院子后头，那棵幸福树又长高了，发了新芽长了新叶。那些细小的那些鲜嫩的，让我们彼此颤动，恋恋不舍。

即使18年后的你们，享受着高科技和高生活水平带来的惬意人生。但是，我们的爱还是一致的，对于这个国家，对于这个民族，对于这片土地，我们依旧是饱含激情的。

那一代人的爷爷，那一代人的父亲，还有这一代人的我，还有18年后的你们，紧紧地守着一块地。

18岁的你们，和我一样，和我的爷爷与父亲一样，在充满感恩和铁质光芒的路上，我们收获的不仅仅是诗、土地以及稻穗，还有对乡村深层的理解和依恋，还有对这个民族和国家——深深的爱！因为爱得很深，所以更加有力量地前进！

时代青年，圆梦中国

广东省陆丰市林启恩纪念中学　陈兆慈

今天，我已18岁。诞生于2000年的“世纪宝宝”，如今我已长大成人，在这里回忆过去，也想象未来，写下些我的联想与思考。

2035年，当18岁的你开启这个时光瓶，一定会感触良多，激情满怀。这时的祖国已经基本实现社会主义现代化，充满活力的你们正生活在繁荣富强、民主文明的社会主义现代化强国中。不知你们将如何看待我所生活的时代，又如何思考你们自己生活的时代。

一代人有一代人的际遇与机缘。人无法选择时代，每个人都要在自己的时代过好自己的生活，不管处境如何，要相信每个时代都有个人施展的空间和需要承担的使命。我们这个时代，祖国的社会主义现代化建设取得了举世瞩目的成就：北京奥运会威震世界，“天宫一号”太空授课，“辽宁号”航母服役，高铁纵横全国，GDP全球第二……尤其最近五年来，国家发展突飞猛进，成就令人艳羡。生活于这个时代的我们，对国家、对民族有了更多实实在在的骄傲与自豪，当然我们看到这背后有无数青年人付出的青春与热血，这也正是这个时代给予他们的际遇与机缘。时代造就英才，英才铸就时代。相信2035年，时代会造就更多英雄人物，纵横驰骋，勇担使命，为建设社会主义现代化强国奉献自己的聪明才智。

一代人也会有一代人的灾难与挑战，我们这个时代，灾难与挑战依旧在。在2003年的“非典”和2008年的汶川地震这些灾难面前，人的生命显得尤为脆弱，不堪一击。然而死者长已，生者不能苟且。所幸，从更高的意义上讲，人类在抗击灾难的过程中，能够反省自身，得到教训，获得成长，懂得如何更好地与自然和谐相处，懂得减少灾难的损失，体现出“一方有难，八方支援”的中华民族伟大精神与强大力量！我们这个时代，当然也更为开放包容、自由理性，习主席提出的“共同构建人类命运共同体”已获广泛认可，我们坚信人类终将同呼吸，共命运，终有面对灾难的勇气、应对挑战的能力和建设美好家园的信心！

一代人有一代人的使命。鸦片战争时期，青年人的使命是救国图强；日本侵华时期，青年人的使命是抗日救国；中华人民共和国成立初期，青年人的使命是建设新中国。现在，国家已经获得了长足的进步，到2020年就将全面建成小康社会，我们这个时代的使命是实现中华民族伟大复兴这一梦想。2035年，18岁的青年人更应肩负时代使命，把握时代脉搏，汇入时代洪流，迎接时代挑战，和中国的新时代一起追梦，贡献自己的青春与智慧、汗水与热血，圆伟大的“中国梦”！

我们与祖国一起圆梦

广东省海丰县彭湃中学　叶秋娜

2018年的今日，我，一个18岁的高中毕业生，坐在宽敞明亮的教室里，奋笔疾书，抒写心中的伟大梦想！

我和伟大的祖国一路同行，一起成长，一起追梦。2000年，我出生那一年，人类迎来了新纪元。2001年，我咿呀学语，开始认识世界；我们的祖国，加入了WTO，申奥成功。2003年，我开始了人生第一次学习生涯；我们的祖国，战胜了“非典”。2008年，汶川发生大地震，我和妈妈在电视机前哭得抱在一起；全国人民众志成城，万众一心，取得抗震救灾的重大胜利。2013年，我顺利升上了重点中学；我们的祖国，实现了“天宫一号”首次太空授课……一路走来，多少酸甜苦辣，化作美好的点滴回忆。一路走来，我很幸福——因为有你，我的祖国！

正如托尔斯泰所说：“个人离开社会不可能得到幸福，正如植物离开土地而被扔到荒漠不可能生存一样。”我的茁壮成长，怎离得开祖国的繁荣富强！2008年，中国北京奥运会成功举办；2010年，上海世博会举世瞩目；2016年，G20领导人齐聚中国杭州，共商全球经济发展大事；2017年，党的十九大胜利召开，指引党和国家事业继续阔步前进……近十几年来，我们伟大的祖国无论在政治、经济，还是在军事、文化、科技上，都在飞速地发展，逐渐地强大。我很自豪，生在这样的国度里！我很幸运，长在当今的时代里！正因为国家的强大，社会安定，经济繁荣，科技发展，我才可以如此安心、如此舒心、如此专心读书，求学，追梦，圆梦。我们心中有梦，因为有你，我的祖国！

祖国的持续发展，又何尝不是我们每一个青年人义不容辞的使命和责任！“社会犹如一条船，每个人都要有掌舵的准备。”每一个人都是国家的主人，都需要把国家大事作为自己的大事。一代人有一代人的际遇和机缘、使命和挑战。我们的祖辈和父辈，为了国家的富强和民族的复兴而前赴后继，不懈奋斗，鞠躬尽瘁。党的十九大已经确立了2020年全面建成小康社会的伟大目标，树立了2035年基本实现社会主义现代化的宏伟目标。我们与新世纪的中国一路同行、共同成长，和中国的新时代一起追梦、圆梦。我们必须义不容辞地肩负起社会主义现代化建设的伟大使命，以中华民族的繁荣昌盛为己任，继往开来，开拓创新。

2035年，当18岁的你们——中华盛世的新一代青年，开启时光瓶里我写给你们的这封信之时，正是中华民族伟大复兴梦圆之时。到那时，让我们一起：

砥砺前行，共建祖国繁荣伟业；携手奋进，再展中华腾飞宏图！

中国精神，梦想随行

——写给2035年的青年们

广东省陆丰市玉燕中学　何平旺

今年是2018年，千禧之年出生的“世纪宝宝”现已长大成人，正值青春年少、风华正茂、踏梦前行之时。然而此时，或许你们才呱呱坠地，刚来到这世界，诞生在中国这片古老而又充满生机的土地上，呼吸着这新时代的第一口空气，嘴里发出一声声的叫喊，手脚不停地摆动，试图探寻这个未知的世界。

之所以写这篇文章给2035年的你们，那是因为一份期望，一份重托，一份厚望。

回顾往昔，我仿佛还看到2003年全国上下众志成城抗击“非典”，各个领域，夜以继日，不停奋战，耗时一年多最终才打赢了这场没有硝烟的战争。2008年四川大地震，让世界见识了“一方有难，八方支援”的中国力量；2010年西南百年大干旱，数千万人加入抗旱救灾队伍当中……

筚路蓝缕启山林，栉风沐雨砥砺行——这就是中国精神：不畏艰难，不畏风险，为圆梦想，奋力前行。

2012年党的十八大以来，习近平总书记提出了“实现中华民族伟大复兴的中国梦”。在这个伟大梦想的感召下，2013年“天宫一号”实现首次太空授课，公路“村村通”接近完成，“精准扶贫”开始启动；2014年南水北调中线一期工程正式通水；2015年亚投行成立，中国开始在国际舞台发挥影响力；2017年天舟一号货运飞船成功完成与天宫二号空间实验室的对接，我国首艘国产航母下水，C919大型客机在上海圆满首飞，初次海域可燃冰试采成功……

写到这里，我想你们应该开始明白我的用意了吧。习近平总书记说：“历史告诉我们，每个人的前途命运都与国家和民族的前途和命运紧密相连。”个人的梦想是百花齐放的，个人的命运也是千帆竞逐的。我们唯有将自己的梦想和中国梦结合在一起才能实现人生的价值和意义。

如此，作为中国新一代的青年为了中国梦还有何畏惧？耶鲁大学毕业生秦玥飞放弃优渥的条件和提拔的机会，毅然投身到祖国偏远的农村，用“造血”建设乡村；摩拜单车创始人、总裁胡玮炜利用互联网技术创造了绿色环保的“摩拜单车”，完美解决了城市“最后一公里”问题；90后大学生余佳文自主创业，一款针对大学生市场的校园APP，风靡各个高校……

新时代的中国青年们，要敢于担当，勇于突破与创新，只要心怀梦想，执着追求，没有什么是不可能的！

鲁迅在《热风·随感录》中曾说过：“愿中国青年都摆脱冷气，只是向上走，不必听自暴自弃者流的话。能做事的做事，能发声的发声。有一分热，发一分光，就令萤火一般，也可以在黑暗里发一点光，不必等候炬火。此后，如竟没有炬火，我便是唯一的光。”2035年的青年们，愿你们紧跟时代潮流，发扬中国精神，不畏艰难，砥砺前行，在新时代实现自己的梦想，共圆中国梦！

厉害了，我的2018，你的2035！

广东省海丰县彭湃中学　谢础惠

此时此刻，我正坐在高考的考场上，想着要给18年后18岁的你写点什么，写点什么装进“时光瓶”，让你也能从中感受到时代的骄傲，我的骄傲呢？

亲爱的你，我想跟你说说我的2018。你看，天上的北斗在织网，地上的天眼在探索。北斗卫星、嫦娥四号、嫦娥五号、“悟空”、“墨子号”……中国人的宇宙畅想正在变成一个又一个的现实；海陆两栖飞机、“天鲲号”、“深海勇士号”、“神威E级原型机”……我国自主研制的一批又一批科技设备将惊艳亮相。厉害了，我的2018！一个个大国重器，彰显着国家实力，助力中国向创新型国家迈进！

而我，千千万万“世纪宝宝”中的一个，将从一个懵懂孩童成长为一个有责任、有担当的青春少年，正时时刻刻准备着接过前辈们递来的接力棒；此时，我回顾历史，回顾我们的祖国在苦难中奋勇前行……犹记2003年春天，“非典”疫情肆虐中国，酿成一场前所未有的公共卫生危机；犹记2008年1月10日，一场暴雪袭击南方，严重影响了人们的生产和生活；犹记2008年5月12日14点28分，汶川大地震，一场噩梦，撼动了全国人民的心。可是，我们的祖国并没有倒下，我们的前辈们迎难而上，追梦奋进！我看到了北京奥运会上大国的风范，我看到了“天宫一号”完成神圣使命，看到了高铁和高速公路星罗棋布，看到了“路路通”和“网通”遍布中华大地，看到了正在推动的“精准扶贫”取得了巨大成效……

此时的我即将自豪地接过这支接力棒，我明白这是一代又一代中国人的默默奉献。而今，2018，时代赋予我新的责任和使命。我知道，“世纪宝宝”既是一种幸运，更是一种担当。我们是时代的幸运者，更是时代的引领者。如何全面建成小康社会，如何基本实现社会主义现代化，如何完美地把我们手中的接力棒传递给我们的下一代……顾炎武说：“天下兴亡，匹夫有责。”一代人有一代人的使命，一代人有一代人的担当。在这个“一日千里”的时代，唯有抓住时代脉搏，不断学习本领，不断完善自我，不断砥砺前行，才不会辜负这个伟大时代赋予我们的神圣使命。

亲爱的你，我想对你说，18年后的某一天，当你看到时光瓶里的这封信时，2035年，也将是值得骄傲的一年。2018年的我和2035年的你，我们一样的自豪，一样的骄傲，一样地从接过前辈的接力棒开始与我们的国家一起成长，一起追梦，一起圆梦！

厉害了，我的2018，你的2035！厉害了，我的国！

牢记历史，接力圆梦！

——致2035年18岁的新青年

广东省陆丰市碣石中学　陈大焕

亲爱的朋友：

你们好！当你们通过“时光瓶”收到这封信的时候，时间已经指向2035年。彼时的你们18岁了，书生意气，风华正茂。这也许就是一种缘分，因为此时此刻，就在我给你们写这封信的时候，我也是躬逢盛世18岁的青年，身处高考考场，同千万2000年出生的“世纪宝宝”一起接受高考的考验。我想，彼时18岁的你，也必定如我这般，通过高考的选拔，通往更为广阔的学府，去深造，去锻炼，成长为接力构筑中国梦的栋梁之材。

习近平总书记说过：“中国梦是历史的、现实的，也是未来的；是我们这一代的，更是青年一代的。”中国梦正是在一代又一代新青年的接力构建中，从历史走向现实，从今天走向明天。

历史与现实告诉我们，我们青少年的命运一直都跟时代紧密相连。比如我们今天这一代，2000年庚辰年出生的“世纪宝宝”，打一出生，就烙上了历史与时代的深深的烙印，伴随着祖国一路成长。

2008年，北京奥运会，我8岁；2013年，“天宫一号”首次太空授课，我13岁；2017年，党的十九大胜利召开，我17岁；2018年，“世纪宝宝”一代通过成人礼仪的洗礼，正式跨入成人的行列，我18岁。

历史与现实告诉我们，一代人有一代人的使命和担当。“苟利国家生死以，岂因祸福避趋之！”无数的革命先贤，无数的青年志士，早就为我们做出了榜样！而今天，党的十九大更是为青年人指明了前进的方向：从2020年到2035年，在全面建成小康社会的基础上，再奋斗15年，基本实现社会主义现代化。建设富强、民主、文明、和谐、美丽的社会主义现代化强国，就是我们这一代的责任。青春正热血，责任永担当！

历史与现实还告诫我们，一代人有一代人的考验和挑战。虽然中国崛起势成必然，但是各种遏制中国和平崛起的力量依然不容小觑，实现中国梦的征途上，依然有潜藏的暗礁、密布的堡垒和无常的风雨。这就是摆在我们这一代与你们这一代人生征途上的考验与挑战。该怎么办？习主席已为我们青少年打了一剂强心剂："实现中国梦必须弘扬中国精神。这就是以爱国主义为核心的民族精神，以改革创新为核心的时代精神。这种精神是凝心聚力的兴国之魂、强国之魂。"

每一个年轻人都应该牢牢记取这种精神，不忘初心，砥砺前行。只有这样，我们的中国梦才能够在一代又一代青年人的接力构建中，从历史走向现实，从今天走向明天！

让我们一起——

接力圆梦，砥砺前行！

作为"同龄人"的"世纪宝宝"

2018年6月7日

新时代，新梦想，新使命

——致2035年18岁青年的一封信

广东省陆丰市林启恩纪念中学　陈雅剑

亲爱的2035年18岁青年：

你们好！当时光瓶在2035年某一刻开启时，亲爱的你们已经长大成人，成为新时代的宠儿。而此时，作为千千万万“世纪宝宝”之一的我，正在考场上奋笔疾书，抒写中国人努力追梦、砥砺圆梦的壮阔情怀。

一代人有一代人的使命与挑战，作为新千年成长起来的一代，我们乐于承担使命，迎接挑战，努力追梦。2000年以来，伴随着人类进入世纪的新千年，我们这一代人出生了，我们感受着时代日新月异的变化，见证着全国各族人民众志成城、抗击灾难的感人画面：我们看到了“非典”时期广大医护人员冲上前线，挽救了一条又一条鲜活的生命；看到了汶川地震过后军民上下一心重建家园的画面；看到了“天兔”台风肆虐后人民自力更生、重建家园的情景……生活在祖国辽阔蔚蓝的天空下，时代带给我们各种各样的使命与挑战，我们乐于承担使命，勇于迎接挑战。

一代人有一代人的际遇与机缘，现在的我们更要抓住机缘，努力圆梦。有幸生活在一个美好的时代，生活在一个快速发展的文明和谐的社会。时代带给我们太多振奋人心的消息：2008年，北京奥运会成功举办；2013年，“天宫一号”首次太空授课；2017年，党的十九大胜利召开……时代在前行，国家在进步，伟大的时代赋予我们更多的际遇与机缘，作为新时代的青年，我们应该抓住际遇，把握机缘，与时代同行，与中国同梦。展望未来，我们信心百倍，豪情万丈：2020年，我国将全面建成小康社会；2035年，我国将基本实现社会主义现代化。这两个伟大目标，这两幅宏伟蓝图，激励着更多的有志青年去把握更多的机会，去展现自己的才华，去实现美好的梦想。

一代人有一代人的梦想，未来的你们也有属于你们那个时代的美丽梦想。2035年，我国将基本实现社会主义现代化。到那时，我们伟大的祖国各项事业越发蒸蒸日上、更加蓬勃发展；中华民族将以更加傲人的姿态屹立在世界民族之林。到那时，新时代的主人，无论是中年的我还是年轻的你们，都将为新时代更高远更宏伟的蓝图而不懈奋斗，砥砺前行……

新时代，新梦想，新使命。我们紧随时代脉搏，把握机缘际遇；挥洒青春热血，努力圆梦中国。

2018年18岁的“世纪宝宝”

梦相续，力相承

广东省陆丰市林启恩纪念中学　吴振涛

如果说历史是一本厚重的书，那么一些标志性的年份便是它的注脚，也是结绳记事上的一个个绳扣。抚摸这些有温度的绳扣，我们便捋清了我们来时的路。现在，我把一段结着绳扣的记事绳装进时光漂流瓶，寄往2035年，将它交到18岁的你们手上。

2000年，农历庚辰龙年。这一年出生的我们是“世纪宝宝”“千禧宝宝”。我们见证了人类迈入新千年，也见证了新中国走进了新辉煌、翻开了新篇章。2008年，北京奥运会，梦回盛唐，万国来朝，荣耀无边。2010年，我国成功将第三颗北斗导航卫星送入预定轨道，卫星组网正按计划稳步推进。2013年，“天宫一号”首次太空授课。2017年，我国网民规模达7.72亿，互联网普及率超全球平均水平……我们见证了我们所处的时代，国家日益强盛，环境日益美好，科技、文化、经济全面稳步发展。2018年，“世纪宝宝”已长大成年。在春节联欢晚会上一首《我和2035有个约》唱出了我们这一代人的心声与期许：“我和2035有个约，约在欢呼雀跃那一天，我亲爱的祖国更加美丽和谐，昂扬屹立新世界……”

如果说历史是一本厚重的合著，那么每个时代的少年都是重要的书写者。那些用热血青春铸就的篇章熠熠生辉，光芒绽放。一代人有一代人的际遇和机缘、使命和挑战。梁启超先生强调“少年强则国强”，每个时代的青少年都要承担历史赋予的神圣使命。

骠骑将军霍去病立志“匈奴未灭，何以家为”。革命烈士陈怀民16岁投笔从戎，他说："每次飞机起飞的时候，我都当作是最后的飞行。与日本人作战，我从来没想着回来！"2016年18岁的柯洁成为围棋史上最年轻的三冠王……习总书记说："中国梦是历史的、现实的，也是未来的。"不同时空、不同际遇的18岁芳华都在用自己的方式，为国家的富强荣耀贡献自己的力量，在历史舞台上绽放、演绎自己的青春，实现人生价值与理想。

对于现在18岁的这一代人来说，我们非常庆幸自己生逢其时，当下正是全面建成小康社会的决胜期，我们拥有为实现中国梦添砖献瓦的空前的广阔舞台。对于2035年18岁的你们来说，梦想成真的前景空前光明。那该是一个怎样激动人心的新起点、新征程呢！

2035年，当时光漂流瓶到了你们手中时，中国已经基本实现社会主义现代化，历史长绳将由你们结上另一个漂亮的绳扣，而那本厚重的历史合著也将由你们添上精彩的诗章。

一代人终将和另一代人相遇，梦相续，力相承！2035年，我们汇聚力量，向新时代致敬！我们歌唱青山绿水，跃马逐梦，期待与蓄势待发的你们共同为实现中国梦聚集强大的青春能量。

辉煌七十年，我们筑梦前行

广东省陆丰市林启恩纪念中学　周　涵

注：作者系陆丰市林启恩纪念中学2018级学生。阳光开朗，热爱生活，喜欢阅读和旅行。很喜欢一句话：保持炙热，坚持下去，或许前路未必是光明坦荡，但一定充满无限可能。

从1949年到2019年，弹指之间，中华人民共和国已迎来她的第70个年头。中国从一个贫穷落后的国家发展成了如今的第二大经济强国。70年前中国百废待兴，70年后中国百业昌盛。

犹记得，曾经华夏5000年的灿烂文明史，在帝国主义的铁蹄下，在法西斯的枪炮声中，惨遭蹂躏。终于，沉睡的东方雄狮在中国共产党人的呐喊声中觉醒。经过无数革命先烈的浴血奋战，终于在1949年，我们伟大的祖国旧貌换新颜，人民成了自己的主人，我们有了新的开始。

然而，在中华人民共和国成立之初，中国的经济状况以及军事实力还是处于一个相对落后的状态，那时的我们还没有自主研发飞机、坦克的能力，使得阅兵用的那些武器装备大多数都是从别国购买或是缴获维修得来的。而当今的中国，对比70年前，可谓是发生了翻天覆地的变化。辽宁舰巡游在辽阔的海洋，歼–20驰骋在蔚蓝的天空，99式坦克奔驰在祖国大地。弱国无外交，拥有了强大的军事力量就等于拥有了强大的后盾，它们就是我们说话的底气！使得中国在国际上、在外交上有了一定的发言权。

2008年，汶川大地震，全国各族人民众志成城，取得抗震救灾的伟大胜利；同年，北京奥运会举世瞩目，闪耀的光芒划破长空。2013年，“天宫一号”首次太空授课，取得中国载人航天史上的重大突破；公路“村村通”接近完成，“精准扶贫”开始推动，全国人民共享改革开放的胜利成果。甜美的果实送到每个人的手中，抚慰着曾被列强蹂躏的灵魂，激发了全国人民建设社会主义现代化强国的信心和勇气。

近几年中国的发展更加迅猛，最具代表性的就是中国的高铁了，目前中国高铁运营总里程高达3万多千米，位居世界第一。同时，中国高铁以先进的技术及互利共赢的理念被世界所认可，彰显了中国速度。

除此之外，中国的科学技术日益提高，最具代表性的当属华为的5G技术，我国终于有了属于自己的芯片和自主操作系统。华为用实力证明世界还是那个世界，但中国早已不是以前的中国了。

我们正生活在幸福的和平年代，而这是一代代前辈努力的成果，我们不能只享受，不作为。我们应勇于担负时代新使命，因为，少年强，则国强！

点评

这篇文章以饱满的激情赞美了中华人民共和国成立以来在军事、体育、经济、交通、科技等方面取得的伟大成就。全文思路清晰，以时间为经、以新中国的发展为纬构思成文，结构完整。文章结尾的抒情议论落脚于生活在幸福和平年代的新时代青年“应勇于担负时代新使命”上，彰显了鲜明的时代感。

指导老师：郑旺吉　点评：郑旺吉

［本文于2019年11月刊发于《陆丰文学》（第13期）“名师作坊·广东省中小学郑旺吉名教师工作室师生作品”专栏］

黎明的曙光，四代人的见证

广东省陆丰市林启恩纪念中学　余柔静

注：作者系陆丰市林启恩纪念中学2017级学生。心态阳光，热爱生活，喜欢写作。希望能用华丽的语言描绘祖国壮丽的河山，用朴实的文字抒写生活的感悟，用浪漫的文字为世间带来蓬勃生机和诗情画意。

我来到房屋后那座低矮的山丘上，黎明的曙光依旧如十二年前一般耀眼夺目，只是没了爷爷在我身旁。清风徐来，叶子随风飘舞，林子沙沙作响，花瓣漫天飘舞。我伸出手，一片花瓣落在我的手心，像是开启记忆时空的密钥，带我闯进了记忆的大门。

犹记得那年我五岁，我去榛子家玩。“好香啊，什么味道？”榛子家中传来一阵阵香甜的味道，我贪婪地嗅着。“我妈妈在烤面包呢！是她专门从国外学来的，先喝些牛奶吧。”榛子平淡地说着，但他的话却在我心中泛起千层涟漪。“柔静，回家吃早餐啦！”因为两家住得十分近，妈妈便大着嗓门吼起来了。我顿时涨红了脸，“榛，我先回家了。”说完便如逃亡一般跑了回去。

我的爷爷是退伍军人，一日三餐很有规律也很规矩。我看着餐桌上的小米粥和一盘表面圆润光滑的白面馍馍，心中的怨念在一瞬间涌上心间。“怎么又是这几样，能不能换换！我也想吃面包！我也想喝牛奶！”回应我的是一片寂静和爷爷失望的目光，还有被禁食的惩罚。夜幕降临，晚餐依旧没我的份，

“早点睡，明天带你去一个地方。”爷爷面无表情地丢下这句话，一头雾水的我回房间了。

第二天，饥饿让我早早地就起床了。爷爷梳着整齐的头发带着我出门了。后山的路并不好走。半路上，我摔了一跤。走走停停，终于爬上了那座低矮的山丘。天开始亮了，太阳缓缓地从东方升起，阳光透过层层迷雾照耀着大地，为大地镀上一层金黄色。

“痛吗？”爷爷看着我脚上的伤口开口说话了。我咬着牙说着不痛。“不痛才是中华的好儿女！你看那里……”爷爷指向不远处的一座座楼房，“从前这里只是一片荒地，而现在，一切都欣欣向荣，人人都有房屋住，不用露宿街头。这些，是我的父母想都不敢想的事情。你再看那座山……”我朝着爷爷指的方向看去，那座山的身上缠着一圈圈的“丝带”，那是一条蜿蜒而上直达山顶的公路。“从前若是想要上这座山，怕是难于上青天啊，可是现在，一辆辆汽车呼啸而过，哪还看得见‘难’的影子？一代又一代人的努力，才将中国从苦难中解救出来，才让中国傲立在东方之巅。你吃的每一粒米，每一碗粮，所享受的每一日的和平，有想过是怎么来的吗？你有什么资格鄙视它们？中华人民共和国成立那年，我的爸爸总是在重复一句话‘好日子要来啦’。呵呵，若见到如今的景象他应该会像我这样说‘幸福的日子要来啦’吧！”爷爷笑着摇了摇头。爷爷的目光投向了我，眸子在骄阳的映射下显得更加清澈明亮。“爷爷希望你能带着中国人骨子里的坚毅和满腔热血与千万国人共铸中华辉煌，百年、千年、万年……”爷爷小心翼翼地拿出口袋里用布包着的馍馍，“馍馍！”我虽不能理解爷爷话中的深意，但隐隐能感觉得到时代赋予我们这代人的使命，我望着奇美无比的日出，大口大口地啃着馍馍。

往事一帧帧从脑海中闪过，忽然，一列高铁从眼前闪过。我望着瞬间远去的高铁，口中喃喃道：“爷爷，您看到了吗？那是高铁。如果您还活着，那平稳的轨道和令世界惊叹的速度可以让您不用再害怕晕车啦，现在还有视频通话。如果您还活着，您和战友们就不再有距离了……”

“铃铃铃……”清脆的电话声打破了周围的宁静。“柔静，我明天就毕业回国啦！我要回去报效祖国母亲！这儿生活一点儿也不方便，付钱还得带卡，还是国内的微信支付方便……”耳边传来榛子喋喋不休的抱怨声。想起小时候榛子妈妈总抱怨国内物资贫乏，而向往国外生活的情景，我不禁哑然失笑。我望着远去的高铁，迎着春风踏上回家的路。

曾祖父说：“好日子要来啦！”爷爷说：“幸福的日子要来啦！”我和爸爸说：“我们正在过着幸福的日子呢！”

点评

这篇文章通过回忆“我”五岁那年爷爷带“我”到后山通过忆苦思甜的方式对“我”进行思想教育以及叙写现实生活中“我”的所见所闻，以小见大地表现“腾飞新中国，辉煌七十年”的重大主题。所叙写的事情具有生活气息，情感抒发真切、自然。

指导老师：林素迎　点评：郑旺吉

（本文于2019年9月28日荣获“腾飞新中国，辉煌七十年”广东省少年儿童庆祝中华人民共和国成立70周年征文评选三等奖）

赤诚少年应如彭湃，澎湃伟业还看你我

——读《彭湃》有感

广东省陆丰市林启恩纪念中学　洪仪历

注：作者系陆丰市林启恩纪念中学2019级学生。性格开朗，爱好读书、写字，擅长朗诵，心中有理想，眼中有国家，立志为国家富强而奋斗。

合上书，泪，淌下。静听，那革命烈士的嘶吼仍不断绝，那振奋人心的宣讲，从百年光阴穿越而来。胸中有太多想说的。对彭湃，对农工，对故乡，对党……

一、彭湃与党

孟安（彭湃化名）无疑是历史上的一朵奇葩。他从小便生活在衣食无忧的地主家庭。长大成为新地主，代表地主阶级的利益，是历史常态。可他偏不。眼里是贫苦农民，心中是马克思主义的他打碎枷锁，抹掉烙印，无畏地奔向无产阶级的广大天地。他决定成为他们的一员，为他们发声。

看孟安的成长让我觉得欣喜，欣喜于我与他有一样高远的志向，一样的朝气，甚至有着一样初明世事的幼稚、不理智的冲动，这让我备受鼓舞，或许与英雄有一样特点的我也可以为祖国做点什么！同时，孟安的逐渐成长也让我明白，为人民服务绝不可浮于激情，流于理论。冲动是绝不可能有成果的，这在孟安回忆他抵制日货的不理智行为中可见。同样，不实践是绝不能有深刻体悟的。从以书生模样去讲道理，到赤脚拿烟袋下田地。他混迹于农民当中，于农闲时在大树底下宣讲他的“主义”，让众人聆听他们的声音。这时的孟安离真正的底层人民又近了些，这才是可以为人民说话的开始。

从前我对于解放农民总是不得正解，对于全心全意为人民服务，总是将信将疑，对于献身于党的人物，徒有空洞的敬佩，仍留疑惑。而今，在彭湃的身上，它们变得不再抽象，它们都是有血有肉的。我已恨不得昭告天下，那些信仰啊，它们是真实存在的！在日本留学时，他研究马克思主义。回国后，他每日与农民混在一起，宣讲理论，让老百姓看清自己所受的压迫，努力带他们提高眼界，摆脱压迫。他与农友亲切交谈，高兴欣喜地筹建农会，我知道他是真心想解放农民。他教农民演讲，对他们进行训练，这一些事全没有功利的意味，只有他赤诚的心。在农友有困难时，他仗义相助。当陆丰因豪绅压迫陷入困境时，他徒步游行，帮助农民建立陆丰农会。这儿全没有沽名钓誉，只有善良的心。他直言，他也不愿和现在最有生机的农会及亲切可爱的农民分开了。他为了可爱的农民，放弃富裕的家庭，将命都搭在他们身上。

对于党，我也有了更深体会，党是一群不信命的农工的集合，是被历史裹挟却不甘地发出怒吼与悲鸣的人民的化身。这些革命党人都很单纯，只为求得解放；他们都很勇敢，为斗争的胜利而前仆后继。他们都很平凡，不过是多了超人的意志。

为什么他们爱党？那是因为党承载着他们的梦想，承载着他们的美好家园，而不仅仅是一个抽象的名词。为什么他们前仆后继？因为家人始终不得安宁，因为人民始终不得幸福，因为那流淌着同样血脉的中华儿女，不能允许他们的灵魂流离失所。

我认为，《彭湃》不仅是彭湃的传记，更是千千万万有赤子之心的海陆丰农工的传记。

小时候对海陆丰没有很特别的情感，觉得普通又渺小，仿佛再大的事都与它无关。而在书中，我第一次看到脚下这片土地从前的模样，惊觉，原来厄运并不会无视这个小城镇。时代的痛苦，无差别地落在我们先人的身上。叹息之余，我更自豪我的故乡，它也是一座英雄的城镇。因为我看到了这片土地上曾活动的农工，他们朴实勇敢，富有生命力与智慧，让现在的我都不免得愧赧。这些可爱的人啊，他们是那样普通，那样有力，那样势不可当地发展。往后，我们绝不可说他们是愚民，就连彭湃当时也感慨："如果没有农工的支持，我是什么都成不了的。"就是在无数个这样的灵魂的作用下，孕育出了中华人民共和国的雏形。

二、在苦难与挫折中进步

在《彭湃》的后半部分，战争厮杀遍野，而彭湃似乎也有些着急了。他着急为兄弟们报仇，硬打硬拼，消耗了许多有生力量。在经历了巨大挫折后，他终于醒悟，硬拼不能为兄弟报仇，还会让更多人白白送死。于是，他开始将斗争转入地下，转向农村，积蓄力量。在那一刻，他真正成熟了，对革命的理解，已有了自己的见解。

我们从不缺拼命勇猛、聪明伶俐的人，但是能够做到理智、富有前瞻性的却不多见。好在党醒悟得快，在革命局势不乐观之时，全国各地的党组织如同一股绳儿纷纷转向了农村，开始了富有特色的中国革命道路。你听，那是星火燎原的声音。

三、接过接力棒的我们

最后，彭湃英勇就义。他在狱中写下一份报告，说道："我们在此精神很好。"彭湃烈士这样的浩然正气、视死如归的大无畏精神，给我巨大的震撼。而更让我震撼的是，这样的革命烈士在中国的土地上不仅仅只有彭湃！多么有幸生于中国，可以凭吊如此血性的烈士！就如周恩来所说，彭湃烈士照耀在千万群众心中，熔成伟大革命的推动之力，燃烧着每一个被压迫群众的热情，一起奔向革命的火源！

如今，新时代的我们面临新的挑战，担负新的历史使命。希望时代让我们担起建设社会主义强国重任之时，我们能像彭湃烈士一样勇敢无私、赤诚报国。我们一定要以革命先辈为榜样，为着崇高的共产主义理想，做人民的孺子牛，成就澎湃之伟业！

点评

这篇优秀征文作品可圈可点之处体现在以下几个方面：①标题运用对偶和双关的方法，高度概括了文章的主题：赤诚少年应从彭湃烈士身上汲取革命信念和献身精神，在新时代担负起建设社会主义强国之重任。②正文以小标题的形式串联起彭湃的革命事迹和“我”阅读《彭湃》的独特感受，使得文章思路清晰，脉络分明。③文章具有很强的身份意识，即以“赤诚少年”的身份阅读《彭湃》，抒写阅读感受，呼吁新时代青少年应从彭湃等革命先辈手上接过接力棒，“为着崇高的共产主义理想，做人民的孺子牛，成就澎湃之伟业！”

指导老师：陈兆慈　点评：郑旺吉

忆一段英雄生平，承一抹英雄气概

——读《彭湃》有感

广东省陆丰市林启恩纪念中学　杨舒如

注：作者系陆丰市林启恩纪念中学2020级学生，“绿之梦”文学社社员。性格开朗活泼，积极向上，爱好文学和阅读，擅长朗诵和演讲。座右铭：高山仰止，景行行止；虽不能至，然心向往之。

此时，天蒙蒙亮，几粒星星稀疏地挂在天上。清辉透过窗棂，照在了桌上的《彭湃》。

《彭湃》，记录了彭湃献身革命、报效祖国的一生。其中最触动我心的是彭湃在狱中写的信，字字千钧。每每读到这，我不禁潸然：感动的是英雄为民为国牺牲一切；担忧的是，那个年仅四岁的孩子失去了父亲，在无数个风雨飘摇的夜晚，他是如何度过的?

读完《彭湃》，我的心久久不能平复。

一切正如鲁迅先生所说：“我们自古以来，就有埋头苦干的人，有拼命硬干的人，有为民请命的人，有舍身求法的人……”这些人，就是中国的脊梁。彭湃，就是中国的脊梁。

“周虽旧邦，其命维新”，纵观古今，变革是每个时代发展的课题。国难当头，彭湃第一个站出来，高举革命大旗，不惧家人的不解和地主的反对。

“千磨万击还坚劲，任尔东西南北风。”家人反对，地主抗议，彭湃可曾后悔？可曾想过退缩？答案是极短而坚决的：不曾。纵使千般阻碍，万般难行，而革命这条道路，彭湃坚决地头也不回地大步前行。

“拚却老红一万点，换将新绿百千重。”历史长河滚滚，中国近代史更是卷起千堆雪。彭湃本有顺遂的一生，而他，却选择了崎岖坎坷的那条路，为了什么？为了祖国尊严和心中信念，他不惜奉献自己的青春和生命，以热血浇灌这片土地，以身躯燃亮前路方向。如果说，祖国是参天大树，我们是新芽，彭湃则是化作春泥的落叶。

观今中国，繁荣昌盛，屹立东方。然而，古人云：“泾溪石险人兢慎，终岁不闻倾覆人。却是平流无石处，时时闻说有沉沦。”海面风平浪静，可海底却暗潮涌动，暗礁潜伏。在这太平盛世，吾辈当居安思危。吾辈后浪是祖国的新芽，祖国的希望，祖国的骄傲，当扛起时代寄予的厚望，肩负起历史的使命。在这个风起云涌的世界中，吾辈后浪应沿着先辈脚步，秉承着先辈壮志，一往无前，方不负先辈努力。

“我一生所做的工作，虽沧海一滴，但就是要为人民做奉献，默默地自强不息地去耕耘、开荒、铺路。”这正是当年的那个孩子说的，他一如他的父亲，一生为国为民无悔奉献，被人民誉为“中国核潜艇之父”。是的，彭湃的精神一直在传承，而今，轮到我们，去拼搏，去奋斗，去发光。

彼时，天大亮，骄阳初升，光芒万丈。吾辈后浪坚定信仰共赴远方。

点评

这篇优秀作品紧扣时代脉搏，突出此次读书征文活动“传承红色基因讲好中国故事”这一主题，抒写了小作者阅读《彭湃》后的感受，赞美了彭湃烈士“为了祖国尊严和心中信念”“不惜奉献自己的青春和生命”，献身革命、报效祖国的崇高精神。并从彭湃写到“中国核潜艇之父”彭士禄，表现了“彭湃的精神一直在传承”，抒发了“吾辈后浪坚定信仰共赴远方”的远大抱负。

比喻、设问、引用、对比和象征等修辞手法，表现手法的综合运用，使文章增色不少，如将彭湃比喻为“化作春泥的落叶”，将吾辈后浪比喻为“祖国的新芽”；引用了鲁迅的名句、《诗经》的名句、郑燮的名句、杨万里的名句、杜荀鹤的名句、彭士禄的名句，将旧中国的苦难屈辱与新中国的繁荣昌盛进行对比；文章开头“此时，天蒙蒙亮”与文章结尾“彼时，天大亮”的象征意义引人思考。

指导老师：黄泽镍　点评：郑旺吉

澎湃海浪激巨涛

——读《彭湃》有感

广东省陆丰市林启恩纪念中学　宋阳阳

注：作者系陆丰市林启恩纪念中学2019级学生。性格活泼乐观，爱听歌、唱歌、看电影，曾被评为陆丰市三好学生、汕尾市三好学生，获得英语习思竞赛全国三等奖、陆丰市林启恩纪念中学建党100周年征文比赛一等奖。

党史中有位先烈，他打小就对土霸劣绅、贪官污吏毫不掩饰厌恶之情。他明明生在一个富裕的地主家庭，却在看到佃户家徒四壁时，宁被祖父痛骂也不忍收租。他愿意为革命而放弃家庭的财富，一心扎进农民群众中，至死方休。他就是革命先驱——彭湃。

苏轼曾言：“古之立大事者，不惟有超世之才，亦必有坚忍不拔之志。”从1896年到1929年，彭湃的人生只有短暂的33年，但在这比寻常人少了一半以上的生命里，他以“坚忍不拔之志”，激荡起红色苏维埃巨浪，冲刷中国那贫瘠、干涸的土壤，为新民主主义萌芽的发展注入充足的养分，让后世品尝到了共产革命带来的甘甜。33岁，他走完了他激昂澎湃的一生，但他所带来的澎湃革命巨浪，却一直席卷着、激荡着……

澎湃海浪，席卷日月无光之旧时代。他自学生生涯始，就是一个“好谈论实事和参加社会活动”的朝气青年。留日学习时，他也是留日学生爱国运动的常客。在中国国耻日他们与日警严正斗争，被打得“头部手足破皮流血”，以致被囚禁了大半年。他悲愤交加，啮指血书“毋忘国耻”以激励同胞，这大大激发了海丰青年的爱国热情。回国后，他不惜与家人决裂，一股脑扎进农民中，成立农会，为水深火热中的农民谋利益。再后来，他带领成立中国第一个红色政权——海陆丰工农兵苏维埃政权，把笼罩在中国人头上的黑幕撕破。

澎湃海浪，冲激百花齐放之新时代。观今日，在党的领导下，中国这一颗冉冉升起的明星，国内人民生活丰富多彩，国际形象熠熠生辉。然而，西方某些国家亡我之心不死，总在我们前进的道路上设阻使坏，无端打压。革命先烈彭湃教会我们，在面对敌对困难时，我们当以坚韧之心、开辟之力硬气回应；革命先烈彭湃教会我们，即使自己身处舒适的环境，也不要忘记我们当中还有贫困。作为一名新少年，我们不可将目光局限于小我，应放眼长远于大我。须知“无国便无家，无党便无民”，小我与大我紧密相连。身处新时代，生在一个民主富强的国家，生活于和平安定的社会，我们蒙受先烈余荫、继承先烈精神，我们应执手中之笔书写明日之华章，为祖国的美好明天、党的美好前景添上一笔鲜艳的色彩。

澎湃海浪，百年来从未停止过在大海奔腾。源源不断的小浪花跟随着它的洪波涌起，日复一日，年复一年，汇聚激荡，那海浪将更加澎湃，那涛声将愈加震耳，终将激荡成浩瀚大海中的巨涛，滚滚向前……

点评

这篇征文作品以清晰的脉络和真切的情感见长。开头一段以简要的语言介绍传主彭湃的主要事迹，既呼应了标题，又为下文抒写作者的阅读感受做好铺垫。第二段以苏轼的名言引出下文，着重赞美彭湃具有“坚忍不拔之志”。第三、四段，即文章的主体部分，依时间顺序分别表现了彭湃领导的革命巨浪“席卷日月无光之旧时代”“冲激百花齐放之新时代”，抒发了新时代青年学子在党的领导下继承先烈精神为祖国的美好明天而努力奋斗的伟大抱负。结尾一段呼应题目，总结全文，以象征手法展望美好的未来，深化了文章的主旨：彭湃烈士的革命精神将激励后人奋勇向前。

指导老师：庄思佳　点评：郑旺吉

牢记党史，传承红岩精神

广东省陆丰市林启恩纪念中学　蔡宝妮

注：作者系陆丰市林启恩纪念中学2019级学生。性格乐观开朗，平时爱听歌、爱打排球，曾获得陆丰市林启恩纪念中学建党100周年征文比赛二等奖。

历史的车轮滚滚向前，谁也无法阻止！在生活节奏如此快的时代中，我们会淡忘很多事情。花不会一直新鲜，照片也会随着时间而泛黄，但在我们心中的红岩精神只会历久弥新！

《红岩》发表于1961年12月，作者是罗广斌和杨益言，他们以自己的亲身经历写下了这本共产主义的奇书。其背景是处于国民党统治下的1948年，敌人为了得到口供，抓捕革命者，妄图用炎热、蚊虫、饥饿和干渴使革命者屈服。但革命者们始终不松口，不泄露党的任何信息，为祖国的革命事业贡献了自己的一切！

这本书中有许多令我震撼的情节，如江姐因叛徒甫志高出卖而被捕，连夜被送往重庆，敌人在半夜里突击提审她，用鞭打、老虎凳、竹签子钉十指等残忍酷刑折磨她。但江姐都没有屈服招供，她义正词严地喊出：“毒刑拷打，那是太小的考验。竹签子是竹子做的，但共产党的意志是钢铁！”还有仅仅八个月大就随着父母被带进监狱的小萝卜头，只能通过监狱里的小窗看外面的世界。由于他年龄小，特务们对他的看管不是很严，他就经常在牢房之间传递情报，在门口放哨，帮助大人了解入狱同志的情况。他还帮助了华子良越狱，使得华子良找到了游击队员。江姐、小萝卜头，还有许许多多革命者的这种红岩精神值得我们学习。红岩精神是革命先辈们舍己为人的奉献精神，红岩精神是革命先辈们同心协力的团结精神，红岩精神是革命先辈们为国家、为人民英勇奉献的爱国精神。我们应当牢记党史，传承红岩精神！

当代也有许许多多像江姐、小萝卜头一样的人，他们为了祖国和人民的利益，无所畏惧地奋斗在前线。飞行员王伟为监视和拦截侵犯我国领空的美军侦察机，发生意外事故导致所驾驶的战机坠毁，而王伟也因此失踪；2020年年初，在新冠肺炎疫情来势汹汹危及人民生命健康的紧急情况下，无数医护人员签下请战书奔赴前线，不顾自己的安危。正是因为他们的大无畏精神，才使得中国的疫情得到了有效的控制。为国家、为人民不顾自我，舍己为人，他们身上延续的就是当代的红岩精神。

敬爱的习近平总书记说过："共和国是红色的，不能淡化这个颜色。"作为新一代共产主义事业接班人的我们，更应该延续这一红色精神。我们要积极向上，努力学好科学文化知识，传承先辈们坚持不懈、团结一致、面对困难不轻易放弃的红岩精神，将红色基因一代一代传承！

点评

这篇征文作品紧扣"传承红色基因讲好中国故事"这一主题，抒写了作者阅读《红岩》的感受。文章主体部分着重表现了《红岩》中江姐和小萝卜头两个人物形象，热情赞美了革命先辈们为了革命事业舍己为人、同心协力、英勇奉献的"红岩精神"。结尾部分立足当代，列举了飞行员王伟和新冠肺炎疫情防控战中的医护人员为国家、为人民不顾自我，舍己为人的先进事迹，赞美了新时代的红岩精神，呼吁新时代青少年传承红岩精神，将红色基因代代传承。

指导老师：庄思佳　点评：郑旺吉

第四辑

匠心与淬炼

试论线上教育期间班主任工作面临的问题及对策

广东省陆丰市林启恩纪念中学　郑旺吉

线上教育期间，班主任教师们积极组织、合理安排日常工作，利用网络平台有效开展对学生的“云管理”，从而有效实现“停课不停学”的教育目标，引导学生有效实现相关知识的自主学习。以下结合实践谈几点我的看法。

一、线上教育期间班主任工作面临的主要问题

（一）对于网络教学模式的经验匮乏

在课堂教学过程中，班主任教师对于多媒体技术的应用相对较少，往往只限于对相关网络教学资源进行播放与展示。基于这一问题，在面对云授课的同时，部分班主任教师由于技术水平与网络教学经验不足的问题，不利于教学质量的合理保障。甚至个别教师因此紧张、焦虑，限制了教学效果的合理优化。

（二）不利于合理落实学生管理工作

与传统教育工作相比，在线上教育期间，由于学生在家庭中通过网络设备进行相关知识的学习，从而导致班主任对于学生的管理与掌控力度出现弱化的情况，不利于有效保障学生依据教师的相关要求进行知识的自主学习。同时，在教学管理问题上，由于受到时空因素的限制，教师只能依靠QQ、微信以及电话等方式对学生进行监管。然而这些通讯方式在实时性方面存在一定的不足，不利于班主任管理工作质量的保障。

二、线上教育期间优化班主任工作的相关策略

（一）积极做好教学思想转变，合理安排日常工作

在工作安排问题上，为了有效实现教学效果的合理优化，班主任应积极做好教学思想的合理转变，从而对自己的生活与工作进行合理的安排，以便实现二者的合理协调。例如，为了有效实现生活与工作的划分，教师可以在家中设置一块工作区域，以便帮助自己有效摆脱家庭环境的影响，从而更好地进入工作状态。同时，教师还可以通过制订工作计划与时间表的方式积极做好自己日常工作的科学安排，从而为相关工作的有序进行奠定良好的基础与保障。例如，在班主任工作问题上，教师可以根据学生教学情况对每一天里自己在各个时段所进行的工作内容进行明确区分与限定，进而有效提升各个时间工作内容的目的性，如可以在居家办公的过程中利用一个上午的时间对班会课教学的教案及教学课件进行设计，从而使自己快速进入工作状态。

（二）落实网络教学技术学习，提升网络授课水平

针对网络技术水平偏低与网络教学经验不足的问题，班主任教师应有效做好教学思维的创新与优化，积极接受新生事物，有效摆脱传统教学观念对于自身的不利影响，从而实现网络技术水平的有效提升与优化。班主任教师应积极做好自身的心理调节工作，从而合理保障心态的优化。在具体做法上，应通过视频、文字以及相互交流等多种方式对网络教学平台进行有效的掌握。在此过程中，通过反复训练，班主任教师可以有效实现网络教学平台操作经验的有效积累，以便进一步满足“云教学”的相关需求。例如，在教学过程中，教师可以通过指导学生利用网络平台进行交流与作业提交的方式与自己共同对网络教学平台的相关功能进行合理探索，从而积极实现教学质量的提升与优化。

（三）加强与学生家长的沟通，有效落实教学管理

基于网络授课模式下，教师无法有效接触学生，从而很容易产生对学生管理掌控感的弱化，总的来看，这是一种正常的心理现象。对此，教师应正确对当前社会的形势进行分析，充分理解当前的特殊局势，从而实现不良心理状态的有效调整，同时积极探索学生管理工作的全新方法。在此过程中，班主任应做好相关因素的有效利用，从而为学生在家庭中的教学管理工作奠定良好的基

础与保障。在这一问题上，教师可以通过有效做好与学生家长的交流沟通，从而引导学生家长更好地参与学生在家庭期间线上学习的管理工作中，进而有效实现教学管理质量的进一步发展与优化。例如，在教学管理过程中，班主任可以通过建立家校交流微信群的方式有效做好与学生家长之间的联系，从而在微信群里对学校每日的教学任务进行公布，以便借助学生家长的力量对学生进行合理的管控，进而有效保障教育教学工作的合理落实。

（本文于2021年4月17日刊发于《汕尾日报》）

敲开阅读之门，让学生爱上阅读

广东省陆丰市林启恩纪念中学　郑旺吉

教师眼中完美的语文阅读教学课堂，也不仅仅是停留在表面的气氛高涨、高谈雄辩。它崇尚的是师生之间的心领神会、契合会意，真正意义上实现教师、学生、文本和作者之间的深度对话，这才是理想的语文阅读教学。“唯有读书方宁静”，每一篇文章，每一本好书，都能引领学生细腻地体验生活，深沉地感悟人生。良好的阅读能力决定着学生理智水平的发展。教师既希望阅读教学可以完美快速地促进智力的发展，又希望他们可以学会读书，从书中感悟一方宁静，获得一方净土，赢得一份智慧。

不过，反思当今的阅读教学课堂，阅读教学之路是否宽畅？教师如何才能引导学生更好地阅读，从而开启他们的读书之路呢？

一、阅读教学现状堪忧

在课堂教学中，教学模式固定为师问生答。倘若让学生提出质疑，他们时常会瞠目结舌，似乎侵犯了教师的权利；倘若让学生赏析文中精彩之处，他们时常不知所措、无以言表；倘若让学生讲述自身的感悟，他们时常才尽词穷、索然无味。更有甚者，将课外书置之脑后，甚至连教科书也不闻不问。为什么阅读教学会陷入这样的困境呢？我认为有以下几个原因。

（一）传统式“讲读”

所谓的“讲读”，是指教师对文本讲解分析，在教参的帮助下，引导学生说出答案，从而替代学生学习。教师时常会发出这样的感叹“现在的孩子越发不喜思考，越发没有想法”。而产生这一状况的主要原因在于教师对“教参”的过于依赖。教师在教参的引导下，失去了自身解读文本、感悟文本的能力，学生则更无法去体会文本、领悟深意了。当前阅读教学的主要问题在于“标准”答案的存在。那标准答案的依据来自哪里？显然来自“教参”，而教参无法真正结合具体学情去思考，是“虚假”的体会。比如，在教学《荷塘月色》一文时，作者是如何忽然想起采莲的事情呢？在对于名句进行解析时，教者为引导学生接近“标准”，极力疏导，学生对文本的品悟在教师一步步“讲读”诱导之下毫无意义，最终学生丧失了思考的能力和读书品悟的水平。这样的“讲读”式阅读课堂有何作用？

（二）拔苗助长式“应读”

所谓的“应读”，是指教师以应试为目的的阅读教学，参照应试模式，将语法、修辞，应付解答的方式作为课堂教学的主要内容。学生将阅读方法作为阅读的思想，作为应试的手段，阅读课堂毫无兴趣可言，毫无快乐可言。

（三）无的放矢式“混读”

所谓“混读”，就是阅读过程中盲目随意。将重心放置于思想，而置词汇、修辞、组织于不顾的教学课堂。这样的课堂中所获取的思想也仅仅是浅浅而论。在外观摩课堂中，很多阅读教学与文本脱轨，只是浮于表面的泛泛而谈，课堂氛围热热闹闹。这样“混读”的课堂无法称为精彩，原因在于没有实质的生成。在无的放矢式“混读”课堂中散读，将语文修炼的本性抛弃了。

（四）浮光掠影式“浅读”

很多学生的阅读过程是“快餐式”阅读，有些为了消遣，有些为了情节。因此，在他们本就狭窄的阅读时间内，缺少了阅读耐心，越读越快，越读越浅，阅读过程也最终演变成“浮光掠影”，阅读则成了毫无深度的肤浅阅读。在这样的阅读过程中，如何发展学生丰富的文学素养？

二、打开阅读之门，爱上阅读

学生在学习语文的道路上行走了十几年，却对阅读毫无兴趣可言，无法形成良好的阅读习惯，归根结底，语文教师是否应当承担一部分责任？要想在有限的课堂时间内提升学生的语文素养，阅读教学不容忽视。笔者认为需要交给学生“解读”“赏读”“悟读”三把钥匙，开启学生的阅读之门，让他们在潜移默化中掌握阅读方法，提高阅读水平。

（一）解读

教师通过设置疑问引导学生解读文本，从而训练学生的思维，帮助学生解读。教师在创设问题情境之时需明确三点：“问什么”“谁来问”“如何问”。

1.“问什么”

首先问主题，作者为什么要写这篇文章呢？其次问写作方式，文章是通过哪种形式表达的呢？最后问细节，引导学生反复揣摩品悟细节。在问题创设中引导学生多方位思考，多角度欣赏，从而对文本产生感悟。

2.“谁来问”

传统的语文教学课堂，都是教师创设问题情境，学生解答。教师创设“追问”情境教学引导学生找出“标准”答案。这样的教学课堂不在少数，看似丰富多彩，事实上却单调乏味。学生在接二连三的问题情境中周旋，深感疲惫、浮光掠影。教师喊着我们需要“以学生为主体的课堂”的口号，然而，这样的课堂主体是谁呢？答案是显而易见的。不过，课堂伊始，学生很难提出有建构的问题，因此，教师需引导学生设疑。

案例如下：

笔者在执教《我用残损的手掌》一文时，是这样引导学生设疑的：

师：……各位同学，先听老师提两个问题，你们进行仿照，然后自己设疑，自己解答……

师：下面听一下第二个问题。文中有一段话，我现在做了一些改变，看看效果有什么不一样。（声情并茂地诵读“这一角变成灰烬，那一角是血和泥……”）有了什么变化？……

师：很好。我将文中的“已”“只”“该”等一些词语删掉了，采用的是比较揣摩法。现在你们能不能仿照我的方法，设疑解答呢？

……

案例中，笔者示例，教学生问问题，教会学生思考，引导学生正确质疑。

3.“如何问”

教师的疑问要源于学生，却又高于学生。从学生的根本出发，逐步耐心引导，层层追问，步步启发。引导学生进行思维的延展，从而生成正确理解，提升文学素养。

（二）赏读

阅读教学，须从文本的整体入手，感悟作者字里行间流露的情感。在阅读中准确捕捉文本中的词句之美和其中深意。逐步培养学生的赏读习惯，模仿经典表达，权衡用词，匠心造句，理清层次，表达精准。赏读可以是多种角度的，可以基于课文进行训练，从中感悟语文之优美。也可以通过其他方式，创新式地赏读。例如，教师引导学生张开想象的翅膀，丰富文章意蕴，感悟文章意境，对诗歌或散文进行改写。

笔者在执教诗歌《雨巷》时，引导学生使用诵读、吟唱、表演、绘画等艺术形式来展现自身对文本、诗歌的个性理解。学生在这样的课堂上获取的不仅仅是知识能量，更能体味作者的独运匠心，更多的是激发学生对语言品悟的兴趣。又如，进行小说教学时，可以引导学生将文中景色描述及情感抒发的句子进行摘录，在拟定主题的基础上，进行改写。

赏读是需要长期坚持的。教师需引导学生邂逅文本时，无论出处，都牢牢把握，或读或写，或品或赏。长期养成，终成习惯，爱上优美的文字，恋上细腻的情感，品悟完美的细节，逐步提升语文素质。赏读能力的提升是一个由质变到量变的过程，坚持是积累的有效方法。不过累积绝非弹指之间，语文教师需培养学生个性赏读的能力，步步累积，从而让他们获益匪浅。

（三）悟读

不少学生喜爱读书，甚至书不离手。不过，很多时候只是为了读而读，其中滋味却无法体会，仅仅是“小和尚念经”罢了。当然，也不能说这样的读毫无意义，只是缺失了一份成长，少了几分感悟罢了。学生阅读唯有自我感悟才能有所收获，才能实现真正的阅读。语文教学中，实现真正的悟读，才能有表达和写作。

在课堂教学中，教师也可以创设情境，设计简洁性的问题，引导学生用精练的言语表达自身的感悟，让语言不断优美，不断流畅，不断宽广，不断升华。例如，笔者在教学《庄子·秋水》一文时，主旨启示人们不能自我满足，应当不断学习，不断前进。我创设了这样的教学情境：你有没有什么寄语想写给河伯？请用简洁的一句话表达。课堂氛围异常活跃，学生生成了各种感悟，有的说“不想成为井底之蛙，则需不断进取”，有的说“保持谦虚谨慎，人生之旅才能受益无穷”，有的说“若是只会孤芳自赏，那就望不到天地之宽广”……当然，“悟读”训练不仅仅在于课内，教师可以安排学生每日阅读一篇作品，制作读书卡片，并用简洁的言语来阐述自己的感受和个性见解。

悟读形式多种多样，重要的是教师需牢牢抓住阅读教学的目的，引导学生将阅读视为快乐，在阅读中感悟生活，提升思维水平和表达水平。

阅读，可以增长见识，拓展心智，充实心灵。因此，教师需要拥有渊博的知识、丰富的情感和丰盈的生活体验。在阅读教学课堂中，运筹帷幄，引导学生打开心灵的天窗，爱上阅读，去体会，去品悟，丰富心灵。

（本文于2019年7月15日发表于《语文教学与研究》第14期，被龙源期刊网、维普期刊网、万方数据和博看网等数据库全文收录）

高中语文教学中学生整本书阅读能力的培养

广东省陆丰市林启恩纪念中学　蔡赞生

“学习任务群”，是《普通高中语文课程标准（2017年版）》中提出的重构高中语文课程系统的最新的形式，而“整本书阅读”则位列任务群之首。这是对语文教学阅读本质的一种召唤、一种回归，对高中语文教师和学生来说也是一次重大的挑战。

众所周知，在当前碎片化阅读盛行的时代，整本书阅读已为广大学生所摒弃，人们变得十分功利和浮躁，无法安下心来开卷静读。可是，现代人的人文素养的积淀，需要足够的底蕴涵泳。长期的碎片化、零散的、切割的、无章的阅读无法给予人足够的人文情感，使人无法从中汲取足够的养分。

我们知道，在教学活动中，阅读教学是语文学习的一个重要组成部分，它主要的任务是培养学生的阅读习惯和能力，并帮助学生学会在阅读中涵泳生命和情感。因此，在高中语文教学中，教师有责任做好学生整本书阅读的引导，在有效的阅读中丰富学生的人文素养，从而潜移默化地培养和提高学生的阅读能力。

一、以长篇节选为导引开启整本书阅读

在高中语文教学中培养学生的阅读能力，这是新的语文课程标准中强调的，在高中语文教学过程中，语文教师创设条件与学生互动，让学生主动参与，在具体的阅读情境中激发学生学习的积极性，培养学生掌握和运用知识的态度和能力，使每一个学生提高自身的人文素养，并从中得到充分的发展。

在高中语文教学中，开启整本书的阅读，并不是让学生漫无目的地阅读。而是要创设阅读环境，因势利导。教材中出现的长篇作品节选，其价值的一个方面就是引导学生关注原著，经由节选文字的阅读来导引走进整本书阅读。如学习《宝玉挨打》等可以直接开启《红楼梦》的阅读，让学生在思想上做好充分阅读准备，以课文共享、问题导引来推动整本书的阅读。

如何充分调动学生由节选文字的阅读导引走进整本书阅读的主动性和积极性呢？可以肯定，课本所选的长篇节选都是可读性强、内容深刻、表现手法较独特、欣赏价值较高的作品，这些篇目能够激发高中学生阅读的兴趣。在教学实践中，可以以课本中长篇节选为导引，创设阅读环境，设置问题和悬念，给学生以方法、钥匙，让学生带着强烈的求知欲和浓郁的阅读兴趣，主动找到原著来进行阅读。在原著整本书的阅读中，培养学生的阅读能力，进而提高学生的语言能力和人文素养。

限于篇幅，高中语文课本中只能选用经典长篇中一些章节，但我们在教学中可以加以引导，让学生意识到，经典理应完整地了解和掌握，万万不可断章取义，要让它完整地呈现。学生愿意主动整本阅读，才能更主动地获取完整的知识。把整个阅读的主动权交给学生，以学生为主体，让学生主动自读，有利于培养学生阅读整本书的兴趣和提高阅读品质；同时，也有利于培养学生独立读书的能力，发展学生的智力，提高其阅读质量。

二、以多遍阅读的方式推进阅读的深度

培根说："书有可浅尝者，有可吞食者，少数则须咀嚼消化。"诚然，启动整本书阅读模式，要经历多种阅读形式，如浏览、泛读、精读和研读等。在阅读中由浅到深，循序渐进，提高修养，渐趋臻境。优秀的书籍、著作都具有人文性、典范性，文质俱佳，题材、体裁、风格丰富多样，富有文化内涵和时代气息，经得起时代的考验，有利于正面引导学生，激发学生的阅读兴趣，培养学生的阅读能力。所以，进行整本书阅读不能浅尝辄止，要明确教育学生，经典的作品不妨多读几遍。

第一遍阅读往往停留在了解大致内容，这是最基本的入门，略窥门径。第二遍阅读，就可以把握语言章节结构了，小说往往可以从人物、情节和环境

三要素入手，分析主题与人物性格、环境情节的关系；散文则应注意把握语言之美、意境之美、文化之美等。第三遍阅读，可以游刃有余地透过文章表象，深入品析文章、著作的深层意蕴。“理会紧要处”，这是金圣叹的读书所得。而我们则需要让学生静下心来，对文章中那些妙入毫颠、意蕴深远的部分细细把玩，品出个中滋味。这个时候学生还需要老师的方法指引，带着问题充分地投入，全身心地参与，深入体会其精要。同时让学生发挥自己的想象，加以演绎、推理或深化。

第一遍是粗浅阅读。第二遍是分析综合，是对文章深一层的认识，锻炼思维逻辑性。第三遍是批判性阅读，从内容到表现形式，评价欣赏，挖掘内涵，提示意义，对培养学生独立性阅读有很大作用，即从整本书阅读中培养语言感受力、想象力和理解力三种能力。在三种阅读对内容吸收后，再进行创造性阅读。整本书多遍阅读的尝试，可以让学生充分认识自我、发现自我、完善自我，最终积极调动学生的内在理解力和创造力。教师要有意识地在多读基础上诊断学生阅读中的理解问题，有针对性地组织研读活动，推进学生阅读的深度。

三、在整本书阅读中培养学生的个性化解读

阅读，是学生的个体行为。对一本书的阅读，虽然也需要把握或理解创作者自身的意图，但更重要的是学生自主地参与，个性化地解读。每个学生的兴趣、爱好、阅读习惯是不一样的，语文教师在教学中不能过多干预学生对著作的理解，不能强加自己的思想，如“作者的立意、文章的主题思想是这样的，而不是那样的……”这样的教学是要不得的，会扼杀学生的创造力，否定学生的个性化、创造性的解读。

天马行空的、不加束缚的个性化阅读是培养学习整本书阅读兴趣、提高学生阅读能力的基础，但如何使阅读更有效，提高学生的阅读水平，提升学生的语文素养，则要求教师进行必要的科学的引导。例如，我引导学生阅读余秋雨的著作，通过对他系列散文的梳理，让学生打开自己的认知之门、情感之门，从而解读其散文中的文化内涵。

有的学生认为余秋雨的散文是文化散文，他是以作家的目光、学者的眼界来考量历史风物、评析人文价值的；有的学生则认为余秋雨的散文往往是从

情感叙述中轻易转变为理性的评估，或从自然山水风物转移到历史高度的理性评估，在许多情况下甚至融合了情感和理性的观点……有学生在读书笔记中写道："阅读余秋雨的散文，我似乎看到作者所描述的景观或形象中，参与了作者主体的精神建构，如'风沙''牌坊''庙宇''字匾''村落'……《千年一叹》中月光下的沙漠，《文化苦旅》中的《风雨天一阁》或《洞庭一角》，《乡关何处》中散落在河姆渡的点点陶瓷碎片等，这些景观和物品一直在作家的个人实践中发挥着重要作用，和作家独特的精神世界形成了一个伟大的联想。这与一般作者在随意地行走或粗略瞥见的风景草图是非常不同的，行走的每一步都打上余秋雨独特的烙印。"通过这样的解读和体味，学生必然对作家独特的语言文字充满热爱，这样的阅读才能体现学生独特的视角。

人是有情感的，正是因为有了情感，生命才有意义。培养阅读整本书的能力，提高阅读质量，可以丰富人的情感，让心灵变得滋润细腻、纤巧玲珑，更易感受到生命的意义、价值和尊严。它既能使学生获得基本的语文能力，又能使学生在品德修养、审美情趣、个性、人格等方面和谐发展，从而提高学生的人文素养和生命质量。

参考文献

[1] 吴欣歆. 培养真正的阅读者——整本书阅读之理论基础 [M]. 上海：上海教育出版社，2019.

[2] 李煜晖. 探索和发现的旅程——整本书阅读之专题教学 [M]. 上海：上海教育出版社，2019.

[3] 吴欣歆. 高中经典阅读教学现场 [M]. 北京：教育科学出版社，2018.

[4] 中华人民共和国教育部. 普通高中语文课程标准（2017年版）[M]. 北京：人民教育出版社，2018.

[5] 梁衡. 读经典，收获的不只是粮食，更是种子 [N]. 北京日报，2015-03-30.

（本文于2021年1月20日发表于《课外语文》第1期）

“以情激情”，点燃语文阅读课堂

广东省陆丰市林启恩纪念中学　蔡赞生

语文姓“语”也姓“情”，有生命有灵魂的语文，语文教师须是善感的人。先感悟文本中的情感，再引导学生感悟文本，达到以情生情、以情促知、知情共育的效果。但是在很多的语文阅读课堂上，恰恰缺少对文本的情感体验，教与学就像蜻蜓点水，不入情境，教与学都是压抑和阻碍的。可以说，教师的情感灌注，以情激情，才能引领学生在阅读教学中感受美、表现美、创造美，取得最佳教学效果的有效途径。

一、入境动情，语文教师要先读进去，深入体验文本情感

在生活中，我们都有这样的经验，对自己不关心的事物我们就缺少感觉。拿到语文阅读教学中来，道理也一样。课前如果没有充分读书，自己就缺少对文本的深刻体验，也谈不上就某点进行引导，与学生产生情感共鸣。在这种状态下走入课堂，即使我们对学生说一百遍“你要深入地读，深刻地体会”也不可能引发学生的感悟。我们在阅读时，自己首先要被文本中的情感打动，如托尔斯泰所说，把自己体验到的情感传达给别人，而使别人也为这感情所感染，也体验到这些感情。我们读进去，而且是用心灵来读书，先让自己的感觉丰富起来，能情不自禁地为作品中的主人公爱而爱，恨而恨，忧而忧。如果我们对他们的感受毫不在乎，麻木不仁，我们的课堂必定是蜻蜓点水，感情苍白。教师对文本理解得越透彻，感受越深，那么，我们带给学生的感染也就越深。教师要把蕴含在教材中的思想情感成功地传达给学生，感染学生，首先要将其转

化为自己的真情实感。要使学生动情，教师必须先动情；要使学生获得美感，教师必须先有美感。教师在钻研教材时通理明情，要“入境动情”，设身处地地体味教材中的真情实感和美的内涵。只有这样，教学时才能做到读则如出我口，讲则如出我心，才能拨动学生的心弦。

所谓“入境动情”，就是在情感的催化下潜入教材深处，探得其中的意蕴和境界，将自己的思想感情和教材的思想性、艺术性结合在一起，以心与之相亲，用灵魂与之碰撞。教师在“入境动情”上下足功夫，教学时，才能将文本、师心、学情这三者融为一体，在情感荡漾中，将知识传授不断从感性向理性深化、升华，让师生之间产生强烈的美感共鸣。

二、设境传情，要善于用富有感情的诠释方式来传递文本中的情感

“入境动情”是为了“设境传情”。教学中，教师利用已有的设备条件，精心创设审美情境，对于知识传授和学生审美情感的陶冶发挥着重要作用。因为现在的阅读教学，可利用的媒介很多，已超越传统的经验描述的层次。对学生的引导也已经无法强行给予，而应该通过多种渠道，对学生施以综合的、整体的审美影响，使学生情感起伏，内有波澜，心驰神往，借助情绪体验的移情作用，在本来不感兴趣的东西中体验到个中的兴味。也就是说，“设境传情”的阅读教学较单纯的说教更易引发审美情感。

马科联卡曾多次谈到教师的“设境”和情感的问题。他指出：“凡是不善于摹仿，不能运用必要的面部表情，或者不能控制自己情绪的老师，就不能成为好教师。”我们的课堂是属于学生的，我们在教书也在育人情感。只要是适合学生的，能触动学生内心的，就是自然的、恰当的。我们完全可以投入地读，尽情地表现，再投入一些，进入文本里所描述的境地。那丰富而有情的诠释不仅能传达文意，感染学生，还能帮助理解、引发兴趣，这种情感调动能提高学生注意的集中性和稳定性，缓解上课的疲劳。

教师是教书育人、传递正能量的人，必须要做到以情激情。即使你有很多不愉快的事，那么，你面对学生，也不能把你满腹的牢骚传给学生，把你内心的伤感留给学生。一个激情满怀的教师始终是想学生所想，始终和学生一起

共享生活的快乐与幸福。激情需要点燃，需要走进文本与读者的内心。我们在听老师讲授《雨巷》一课时，老师不断地去分析诗歌的内容：这句诗是什么意思，这句又是什么意思，背景是什么，丁香是什么，哀怨又是什么……像这样机械地讲解，其教学效果可想而知。课堂上激不起学生的热情，最根本的原因是教师自己没有读进文本，语言的平白，情感的淡漠，学生就好像在了解过去的时代，聆听一些与自己毫不相关的事。这样的课文，如果说教师缺少了情感基调，怎么能引起学生的共鸣呢？教育是“一棵树摇动另一棵树，一朵云推动另一朵云，一个灵魂唤醒另一个灵魂”。语文教师当然不一定是诗人，但他应该具备诗人的气质；语文教师也不一定是作家，但他应该拥有作家的情怀。我们不是给学生讲语文，也不是带着学生学语文，而是用自己的语文气质感染学生。对一位优秀的语文教师来说，他试读世界优秀诗篇《秋日》时，他就是里尔克；他介绍情节荒诞、离奇突兀的《变形记》时，他就是卡夫卡……

三、情感推动，引导学生从不同角度认识世界、深入思考问题

有人认为，理论性较强的课程内容，如议论文的教学，因其抽象枯燥而无法灌注情感，因而也就难以诱发美感。其实这是一种误解。因为“学习动机中最现实、最活跃的成分是认识兴趣，或叫作求知欲。认识兴趣是力求认识世界，渴望获得文化科学知识和不断探求真理而带有情绪色彩的意向动向”。教育家赞科夫也说过：“我们要激发学生的独立的、探索性的思想，而这种思想又是跟活生生的情绪有机地联系着。”好的情绪使学生振奋，而坏的情绪则会抑制他们的智力活动。这说明，问题并不在于讲授什么内容，而在于教师的能动作用。在那些逻辑严密、论证精辟的文本内容阅读中，完全可以引导学生关注其中的理性思考和科学精神，从不同角度认识世界、深入思考问题，并可联系现实生活现象进行阐述，在热爱、关切的情感推动下，以极大的兴趣和愉悦感去认知，去探求，把学习真正当成一种格物致知的“乐事”。

比如，当一位教师讲授一篇理论性很强的文章时，如果在传授专业知识的过程中，引导学生细心体味逻辑上的巧妙与和谐，不急于让学生死记硬背文章的结论，而是引导学生去发现推导结论的进程和方法。那么，就有可能使学生在浓厚的求知欲的催化下展开积极的思考，有可能使学生毫不吃力地完成学习

任务。

有人谈起臧克家当年在山东临清中学教学时说，他的教学语言都是“以诗的几乎是疯狂的热情向学生们倾袭，学生的热情被点上了火，大家在燃烧，感情像一股暖流”。这样的情感拨动，自然就成为教师馈赠学生的一种美的享受。

总而言之，没有激情的语文课只是一潭死水，激不起半点清风和涟漪。要想使课堂充满激情，就必须做到“以情激情”，从“动情”到“传情”，不断推动，才能点燃课堂，激发学生的求知欲，赋予语文阅读课堂真正的生命力。

（本文于2019年11月1日刊发于《语文课内外》第33期）

浅谈高中语文课堂如何渗透生命教育

广东省陆丰市龙山中学　林传名

教育绝不仅仅是知识和经验的堆积，而是一种“唤醒”。德国哲学家雅斯贝尔斯说：“教育就是一棵树摇动另一棵树，一朵云推动另一朵云，一个灵魂唤醒另一个灵魂。”如果一种教育未能触及人的灵魂，未能引起人灵魂深处的激荡，那就不能称为教育。教师要做的工作，应该是少些束缚和灌输，多些唤醒、激励和鼓动，更多的是把学生的本性、天赋激发出来。教师多给学生提供一些属于他们自己的时间和空间，使之有思维的自由空间和心灵的自由空间，通过讨论交流的方式，培养学生发现问题和解决问题的能力，在这个过程中发现生命的意义，享受生命的过程。我想语文教学就应该是如此的。

语文学科本身就是引导学生追求真、善、美的，因此语文教师应带领学生通过自己的经验去感悟生活，探索世界。这恰是语文教学与生命教育的切合之处。高中三年，正是青少年生命价值观的形成阶段，他们关于生命的感知、外界的体验已经有了一定的雏形。因此，高中阶段的生命教育尤为重要，不能忽略。

那么，作为一个合格的语文教师，我们如何在教学中渗透生命教育，让学生感受到生命的可贵，热爱生活、热爱学习呢？作为一名语文教师，我觉得语文教学是最能够渗透生命教育的，我们语文教师要义不容辞地承担起对学生进行生命教育的责任。虽说高中阶段的学生经历了将近十年的教育，但总体他们的生命意识比较薄弱，课余我总是思考该如何着手对学生实施生命教育，如何在简短的时间内树立正确的生命观，我想关键还是要使学生认识到自己生命的重要和珍贵。只有这样，三年中的生命教育才可能构成一个系统。当然，更多的还是在语文课堂上结合课本及阅读训练渗透生命教育。

一、利用语文教材中生命教育的文本，让学生认识生命本身

我们要引导学生认识自己的生命，接受生命的不同形态。成功也好，失败也罢，要使学生认识到这些都是生命的常态，关键是要保持一种良好的心态，这就需要老师和学生共同努力才能建立正确的观念。

譬如，在学习张承志的《汉家寨》时，我会引导学生理解和掌握作者笔下的汉家寨，就“如一枚被人丢弃的棋子，如一粒生锈的弹丸，孤零零地存在于这巨大得恐怖的大自然中”，而老人和小姑娘则是两个木讷得近乎静态的人物形象。正是在这万里的“绝地”里，作者勾勒出一幅粗犷、荒凉、孤独的画卷，展示了人类强大的生存毅力，那就是“坚守”。这样的授课，不仅加强学生对生命的认识，更促进学生对生命存在形式进行思考。在此基础上，我直接告诉学生，对于命运赋予我们的一切，我们都要大度平和地接受，贫瘠和富裕是同时存在的，成功与挫折失败是生命的常态，富裕和成功时无须得意扬扬，处于贫瘠或人生低谷时也不必伤心欲绝。要引导学生读懂文本中的老人和小女孩的坚守：坚守祖先留给后人的家园，坚守“汉家寨”传统的生活方式，在艰苦卓绝的异域坚守着，生存下去。每个人都得有自己的信仰和追求，只有这样我们才会更加热爱生命，树立正确的人生观，我们的人生才会更丰富，我们的世界才会更美好。

二、构建时空的情境，让学生多角度地体验生命教育

高中语文教材中生命教育的文本随处可见，但要想从根本上使同学们有真切深刻的认识，使不同年代的文章能够发挥现实意义，联系生活，创设情景教育是非常有必要的。在课堂教学时要注重调动主体内在的真实情感，引导学生主动积极地多方位思考，这也正是生命教育要努力达到的目标。联系生活，构建情景就成了一个有力的平台。

譬如，我们在学习《鸿门宴》时，我在讲授“宴会上”时，让学生根据自己对“鸿门宴”的理解，明白双方的斗智斗勇，明白双方的谋士出谋划策。鸿

门宴上双方的尖锐斗争，这部分是课文的重点，情节的高潮。那么，我让学生自己构建一种情景，进行分角色的表演。

学生们通过角色化的演绎，明白了鸿门宴的三起三落。

首先，要抓住三个情景（三起）：一起——“范增数目项王，举所佩玉玦以示之者三”，暗示项羽动手杀刘邦，气氛趋于紧张。二起——范增见项羽“默然不应”，就叫项庄以舞剑为由，趁机刺杀刘邦，形势极为严峻。三起——樊哙撞倒守门卫士而入帐，怒视项羽，并予以斥责，情节发展到最高潮，紧张气氛达到了极点。

其次，学生的表演还要再抓住三个情景（三落）：一落——项羽对樊哙闯帐，不仅不怒，反而称为“壮士”。二落——项羽让樊哙喝酒赐生彘肩，被他斥责一顿之后还赐座。三落——刘邦“如厕”是名，逃脱是实。

通过这种时空情景的构建，让学生进行各个角色的演绎，使他们对逝去的这些历史人物的生命有所了解，将精神的学习具体到个体生命，调动学生的主观情感，这是陶冶情操的基本条件。因此，联系生活，结合教材，使学生有真切的自身的认识和感悟，我相信对于他们的人生应该会有很大的帮助。

三、借助大量阅读，让学生理解生命教育的真谛

语文是个非常大的概念，除了从教材中挖掘元素进行生命教育，课后，我还有意识地指导学生进行专题阅读，内容涉及师生情、动物自然世界、感叹时光等。因为我觉得生命教育的范围是非常大的，要想使学生真正成熟，能够容纳世界，就必须有宽广的胸襟，平时的学习就要注意积累方方面面的知识。

苏霍姆林斯基说：人的心灵深处都有一种根深蒂固的需要，这就是希望自己是一个发现者、研究者、探索者。而在儿童的精神世界中，这种需求更为强烈。也就是说在教学中我们不能只是向学生灌输知识，更重要的是要引导学生独立思考，鼓励学生自我理解，不拘泥于教师与教材，而是能够真正做到个性化理解，能够勇敢地提出更多不同的见解与感受。

譬如，在教学李密的《陈情表》时，我娓娓道来，其文读之令人感动。自古忠孝难两全，文中除了表示李密感谢晋武帝的知遇之恩，更加表达了自己应当尽孝的决心，对于不能从命的苦衷，真情流露。加之我们教师适当地进行引

导，学生从单纯的课文理解，段落分层上升到了人生与人性的丰富多彩，对于语文教学中的生命教育起了重要的作用。作为一线的语文教师，必须引导学生对课外知识进行阅读，通过对课外文本进行大量阅读，学生们才知道，此表是西晋初晋武帝泰始三年（267）写的。魏国后期，魏的实权落在司马氏手里，到魏元帝曹奂咸熙二年（265），司马炎代魏即帝位，改国号为晋，年号泰始。在此之前两年，蜀汉（刘备建立的政权）已经灭亡（孙吴到公元280年才灭亡），李密的家乡由晋统治。李密有学问，所以晋武帝想征他做官。李密原是蜀汉的旧臣，故国灭亡才三四年，难免有伤感之情，又因为司马氏阴险多疑，前朝的臣子改侍新朝难免有戒心，所以他要坚辞。《陈情表》所面对的是晋武帝这个特殊人物，所写的又是他最为敏感的问题。文中作者用了不少委婉之词，如不说“父死”，而说“慈父见背”，不说“母亲改嫁”，而说“舅夺母志”；又如“猥以微贱”“犬马怖惧”“伏惟”等，以典雅谦恭的语言，恳切真挚的语气，多方面表明自己的心迹。特别到结尾处，简直是含泪哀求的语气，并以“生当陨首，死当结草”为誓，忠爱之情溢于言表，出现在武帝面前的俨然是一个活脱脱的忠臣形象，终于化解了武帝的疑心，博得了他的同情。相传晋武帝看了此表后很受感动，特赏赐给李密奴婢二人，并命郡县按时给其祖母供养。有些学生还拿李密跟嵇康和阮籍进行比较。嵇康是三国曹魏文学家、思想家、音乐家，是“竹林七贤”之一，与阮籍齐名。因不满当时掌握政权的司马氏集团而遭陷害，被司马昭所杀。阮籍也是三国魏文学家、思想家，也是“竹林七贤”之一，与嵇康齐名，与当权的司马氏集团有一定的矛盾，常用醉酒的办法，在当时极为复杂的政治斗争中保全了自己。

通过大量阅读，学生对这些人物有所了解和把握，记下了自己的阅读感悟，并对这些人生命的认识加以归纳和总结，在语文课堂中与大家分享。还可以在语文课堂中进行小规模的演讲活动，让学生声情并茂地谈一谈自己对各种生命形态的认识，这种活动方式让每位学生都参与其中，从生活中逐渐加深生命教育，理解生命教育的真谛。

总而言之，将生命教育渗透进高中语文教学中，能够让语文更好地发挥其育人功能。语文教师应关注学生的生命状态，寓生命教育于教学中，让学生在润物细无声中受到真善美的感染与熏陶，从而展现别样动人的生命风采，这也是高中语文教师义不容辞的责任。

参考文献

［1］雅斯贝尔斯. 什么是教育［M］. 邹进，译. 北京：生活·读书·新知三联书店，1991.

［2］李素红. 让初中语文教学焕发生命的活力［J］. 学周刊，2016（31）.

［3］冯建军. 生命与教育［M］. 北京：教育科学出版社，2004.

［4］叶圣陶. 大力研究语文教学尽快改进语文教学［M］. 北京：教育科学出版社，1980.

［该论文获2017年度汕尾市教育教学论文（案例）评选二等奖］

以小说课堂教学促进课外阅读的尝试

广东省陆丰市林启恩纪念中学　吴振涛

《普通高中语文课程标准（实验）》明确指出："课外阅读活动是阅读教学的重要组成部分。应根据不同学生的具体情况，适时推荐文化品位高、难易程度适当的课外读物。"同时要求高中学生必须"根据自己的学习目标，选读经典名著和其他优秀读物，与文本展开对话"。可见，课外阅读在高中语文阅读教学中具有多么重要的地位。

语言学家吕叔湘先生曾说："要大量阅读，有精读，有略读，一学期要读80万到100万字不为多。"这么大的阅读量从何而来呢？只能课内阅读和课外阅读相结合，而且课外阅读要占很大分量。课内阅读是基础，是先导；课外阅读是课内阅读的继续、扩展和深化。教师在课堂上通过课内阅读为学生点拨、指导阅读方法，再引导学生运用课堂上掌握的阅读方法进行课外阅读，实现课内阅读方法的运用和迁移。学生通过课外阅读，一方面，巩固了课内阅读的方法；另一方面，开阔了视野，增长了见识，提升了素养。

下面，以普通高中粤教版语文教材中的小说课堂教学为例，谈谈如何将课内阅读与课外阅读相结合，实现小说阅读教学的有效性。

一、结合教材课文，激发课外阅读兴趣

普通高中粤教版语文教材小说阅读单元中的课文，有不少是从经典长篇小说节选的。如《宝玉挨打》节选自《红楼梦》，《失街亭》节选自《三国演义》，再如《阿Q正传》（节选）、《变形记》（节选）等。

兴趣是最好的老师，教师可结合教材的课文，引导学生进行与之相关的课外书目阅读。例如，在教学《宝玉挨打》一文时，课堂上教师引导学生对贾宝玉这个人物进行形象分析后，可指导学生课外通读古典名著《红楼梦》，或者选择其中几回进行精读，探究、赏析《红楼梦》人物描写“鲜明突出又不浅不露、耐人寻味”的特点。还可以在此基础上进一步激发学生阅读《红楼梦》的兴趣，引导他们探究、赏析《红楼梦》的主题思想、艺术特色、文化意蕴等。

再如，在课堂上讲授完课文《阿Q正传》（节选）后，可以趁热打铁，结合作品描写的当时社会的背景，联系当今社会现实，设计一些问题——诸如“如何看待阿Q的精神胜利法”“你觉得今日的社会中阿Q这样的人物或现象还存在吗”“假如阿Q……”等问题，拓展学生的思维，激发他们课外阅读《阿Q正传》全文的兴趣，引导他们深入理解，把握这篇小说的深刻主题、历史意义和艺术成就等。

如此，结合教材的内容，激发课外阅读的兴趣，将课内阅读与课外阅读有机结合起来，使得学生对课文的内容有更深的理解和把握，同时又拓展了视野，发展了思维能力。

二、引导课堂质疑，培养课外阅读能力

古人说：“学贵有疑，小疑则小进，大疑则大进。疑者，觉悟之机也。”宋代学者朱熹也说：“读书无疑者须教有疑，有疑者却要无疑，到这里方是长进。”对应课堂教学，就要求教师要善于在课堂上引导、鼓励学生去主动思考，主动生疑，主动质疑，主动探究。

当然，教师的引导要讲究时机和技巧，要善于抓住课堂“生成”的教学资源，触发学生的质疑点，如在讲授粤教版必修三《项链》这篇小说时，在我组织学生探究这篇小说的主题意义、分析作品主人公玛蒂尔德的人物形象后，我让学生深入拓展思考：看完这个故事，同学们心中肯定有许多感想。掩卷而思，除了刚刚我们一起探讨的主题意义和玛蒂尔德的人物形象之外，你们还有其他什么思考？此时，小张同学思考片刻后，站起来质疑：“小说中，描写福雷斯蒂埃太太的笔墨不多，但她是一个不可或缺的角色，我们该如何看待福雷斯蒂埃太太这个人物？”学生对玛蒂尔德这个人物的分析容易入手，但却很少

有人会去关注福雷斯蒂埃太太这个“次要人物”。小张同学的质疑“一石激起千层浪”，我即刻抓住这一课堂“生成”的教学资源，组织全班学生思考，探究；又借机要求他们利用课外时间阅读小说作品（自选），探究小说作品中“次要人物”对表现文章主题的作用。

因此，教师在讲读课文时，要“授之以鱼”，更要“授之以渔”，要结合讲读课文的特点，教给学生阅读、鉴赏和质疑、分析的方法，让他们举一反三，将课内所学方法迁移运用到课外阅读。另外，有时教师要“逼”学生制订阅读计划，指导学生写一些读书心得体会，教师按期检查。这样有利于培养和提高学生的分析能力和表达能力。

三、指导选择读物，明确课外阅读目的

古今中外，有许多关于读书的名言警句，如“书中自有黄金屋，书中自有颜如玉。”“书籍是人类进步的阶梯。”“书是我们时代的生命。”这些名言警句，无不道出了课外阅读对提升人文素养、促进人类进步、推动社会发展的重要意义。

面对浩如烟海的文化典籍和文学经典，语文教师要做好“导航员”的工作，帮助学生精选慎读，精读研读，做到课外阅读有目的、有计划，才能避免阅读的盲目性和随意性，做到阅读有收获、有动力。以小说阅读鉴赏为例，首先，我们应当以《普通高中语文课程标准（实验）》的有关理念和要求为依据，指导学生选择以下经典作品进行阅读鉴赏：中国古代小说如《三国演义》《水浒传》《西游记》《红楼梦》《儒林外史》《聊斋志异》等，中国现代小说家如鲁迅、茅盾、巴金、沈从文的作品，中国当代小说家如王蒙、莫言、汪曾祺、路遥、贾平凹的作品，外国小说家如塞万提斯、雨果、巴尔扎克、列夫·托尔斯泰、卡夫卡的作品。其次，我们可以运用“拓展式阅读”教学方式，要求学生有目的性地利用课前或课后时间阅读与课内某篇讲读课文思想意蕴、人物形象、艺术特色或者谋篇布局等有密切关联的作品，进行比较阅读和鉴赏。最后，可以引导学生充分利用网络资源，如博客、微信公众号、读书APP软件和广东省中小学阅读平台“悦叮网”等，有选择地进行阅读、鉴赏活动。

对于学生来说，阅读是一种境界，课外阅读则是一种理想。21世纪的中学语文教师应该站在实施素质教育的高度上，牢记教育家苏霍姆林斯基的名言：“如果学生的智力生活仅局限于教科书，如果他做完了功课就觉得任务已经完成，那么他是不可能有自己特别爱好的。”

只要通过教师的努力，实现课堂教学与课外阅读的结合，就可以使学生将自己的有限视角转向更广阔的视野，去体会文学的美妙，感悟智者的思想，并最终获得一种文化的力量。阅读带来的无穷力量，最终使得语文阅读在课堂内外比翼双飞。

参考文献

[1] 徐越化. 中学语文教学法 [M]. 上海：华东师范大学出版社，1989.
[2] 陈建伟. 中学语文课程与教学论 [M]. 广州：暨南大学出版社，2008.
[3] 韩雪屏. 中国当代阅读理论与阅读教学 [M]. 成都：四川教育出版社，1998.
[4] 张建华，蔡明. 中学语文教学法辅导 [M]. 北京：高等教育出版社，1996.
[5] 叶圣陶. 叶圣陶语文教育论集 [M]. 北京：教育科学出版社，1980.

［本文于2019年10月20日刊发于《陆丰教育》第11期（名教师工作室专刊）］

遇见·收获·同行

广东省陆丰市林启恩纪念中学　郑旺吉

一个多月的“充电”式暑假转瞬即逝，马上又迎来了秋季开学。

每天早上7：30，我准时到达学校。进入学校大门，就听见悦耳的鸟鸣，闻到浓郁的花香，让人感觉心旷神怡。再往前走，在秋日朝阳的照耀下，依次是鲜红的宣传牌匾、高大的主教学楼、宽敞豁亮的大厅。大厅左右两侧墙上，“好学力行”和“敬业乐群”八字校训清晰可见，激励着全体师生。

一、遇见是一种神奇的安排

上课时间到了，我迈着坚实的步伐走进了高二（14）班课室，开始了本学期第一节语文课——《现代诗歌主题阅读之“遇见”》。这节课是经过精心设计的。我上得非常动情，学生学得也非常投入。而这间课室，也凝聚了我与这所学校、这份工作的“初遇”情结。

29年前，我与启恩中学的第一次“遇见”，就是在这间课室。那是1990年的7月，我在这里参加了第二次高考。原本我在1989年8月被某师范专科学校录取，可我当时不愿毕业后当老师，因此选择了复读，没想到第二次高考后还是选择了师范专业。更令人想不到的是，大学毕业后的1992年9月1日，我第一次正式走上讲台，也是在这一间课室。

在这间课室里，我遇见了我教书生涯中的第一批学生，开始了教坛的苦辣与酸甜、迷茫与探索、困惑与奋进……与莘莘学子在这间课室里探究学科知识，分享读书乐趣，畅谈人生理想。

与许多新教师的经历一样，27年前，胸怀伟大抱负而“初出茅庐”的我，在登上三尺讲台之初就遭受了挫折。当时，班里许多学生不能积极投入学习中，因此我在课堂上动辄大发脾气，骂他们“无心向学，不求上进”，导致师生关系很不和谐。后来，学校领导找我谈话，年级组长林老师耐心地帮扶我，教给我管理班级和处理师生关系的方法。“当老师要把爱放在首位，要善于发现学生的优点，要做到不怒而威，让学生‘亲其师而信其道’，这才是最成功的。”林老师传授给我的“江湖秘籍”让我获益匪浅。

渐渐地，我学会了为师之道，与学生打成一片，一方面教导他们刻苦学习学科知识，另一方面努力挖掘他们各方面的潜能，促进他们身心全面发展。我以自己的品德修养和教学能力影响学生，浸染学生，取得了很好的教育效果。以这间课室的“遇见”为起点，我从一个普通教师逐渐成长为陆丰市优秀班主任，成长为县级、市级和省级骨干教师。

二、田野中央，收获坦荡

大课间，学校广播响起了《向往》那充满深情的旋律。我非常喜欢这首歌，特别喜欢“羽毛向往那翅膀，我向往那坚强”这句歌词，这不正是我在20多年的教学经历中追求、奋进、打拼、成长的写照吗？

第一学历只有专科文凭的我，在工作的前10年，都被安排在初中部任教，直到2002年9月学校取消了初中部以后，我才登上高中部的讲台。一路走来，在我的教学经历中，有小小的“事故”，但更多的是精彩的“故事”。

记得那是1994年3月的某一节语文课，我正在课室里手舞足蹈、自我陶醉地讲课，突然，从课室后门走进了两位老师来听课，他们分别是市教育局语文教研员李老师和启恩中学语文学科组长汪老师。作为一名新教师，我自认为自己这节课上得很好，可是李老师和汪老师却认为这节课“没有充分考虑学情，随意性较大；没有体现学生的学习主体性，而用老师的讲解代替了学生的思考和实践……”两位老前辈还列举了好多优秀课例，耐心地指导我如何在课堂上充分调动学生的学习积极性，如何诱导学生深入地开展自主探究。

此后，汪老师经常带着我去听老教师的课，也带着骨干教师听我的课，我也非常虚心诚恳地向骨干教师请教，并认真学习教育理论和优秀课例。在初中部任教的我，还经常到高中部去参加听课、评课活动。2002年9月，我登上高中部的讲台后，更加如饥似渴地学习、钻研专业知识，希望自己能在语文教学领域有所突破，取得更好的业绩，更好地提升学生的语文素养。

功夫不负有心人，在学校领导、同事们的热心帮助和耐心指导下，经过我自己的不懈努力，我终于在初中语文教学和高中语文教学中逐渐取得成绩，有幸参加了各种教育教学专业研修，开阔了视野，更新了理念，提升了素养，并先后被推举为陆丰市语文学科兼职教研员、汕尾市高中语文学科带头人、广东省骨干教师和广东省中小学名教师工作室主持人，在语文教育教学领域演绎着精彩的“故事”。

今年9月的一天，学校办公室的林老师从教育局为我领回了“全国模范教师”的荣誉证书和荣誉勋章。“田野中央，收获坦荡……你站在前方，和山岗一样，看着我高高飞翔。”我从教学楼上远望，学校田径场围墙外，是一片广袤的田野，这首歌在我心中久久地回荡。

三、独行速，众行远

放学了，秋日的校园穿上了一层金黄色的外衣，空气中散发着木兰和桂花沁人的馨香；图书馆前面的花圃里，勒杜鹃开得鲜艳绚丽，热情奔放；石榴树上挂着大小不一十几颗熟透的果实，虽无硕果累累的景象，却也颇能给人带来丰收的喜悦。

我漫步来到工作室门口，看着以自己的姓名命名的工作室，深感肩头责任的重大。

独行速，众行远。一花独放不是春，百花齐放春满园。看着工作室墙上张贴的内容丰富、形式多样的研修活动剪影，我的眼前回放着自2018年5月工作室挂牌成立以来，我带领本校和各兄弟学校的十几名学员老师们在这里切磋教育方法、提炼教学思想、论证课题研究、展示研修成果的画面。

回想起我第一次遇见“工作室”，是参加广东省高中语文学科骨干教师培训期间，于2012年10月到深圳市红岭中学广东省首批名师工作室主持人胡立根老师的教师工作室参加跟岗学习。在那段时间里，胡老师严谨细致的治学态度、坚忍执着的探究精神、认真勤奋的工作作风和敦厚诚恳的性格让我们几个跟岗学员看到了榜样的力量。

难以忘怀，跟岗学习结业典礼上，胡立根老师对我寄予的殷切期望：“凭着你孜孜不倦的探索精神，假以时日，你也能成为广东省名教师工作室主持人！”如今，胡老师对我的期望已变成现实，在接下来的日子里，我要继续带领青年教师们在这片希望的田野上，辛勤耕耘，收获坦荡。

[本文于2019年刊发于《广东教育·师道》第11期（人文）“苦乐杏坛”栏目]

撑好“教育实习指导”这艘船

——“实习指导规范管理实践探索”讲座听后感

广东省陆丰市林启恩纪念中学　郑旺吉

2019年10月12日上午，肇庆学院校园里，天高气爽，秋色宜人。

福慧图书馆一楼学术报告厅里，群贤毕至，掌声热烈。“2019年广东省教育实践基地学校实践指导教师能力提升培训班”近100名学员在这里聆听“实习指导规范管理实践探索”专题讲座。为学员们开设讲座的是肇庆市德庆县凤城镇中心小学的莫校长。莫校长工作至今一直服务于一线教育，拥有丰富的基层教学工作经验和学校管理经验，尤其在指导青年教师专业成长方面见解独到，颇有建树。

讲座开始，莫校长先向我们介绍了德庆县凤城镇中心小学的基本情况。据莫校长介绍，这是一所山区学校，教学点多而散，学生人数多，教师人数偏少。然而，这样的一所山区学校，近年来却取得了优秀的办学业绩，尤其在教育实践基地学校“实习指导规范管理”方面做了大量工作，取得了诸多可资借鉴学习的业绩。

讲座中，莫校长着重介绍了德庆县凤城镇中心小学如何规范实习指导的管理。学校制定了《顶岗实习生指导工作纲要》，内容涵盖了对实习生在生活方面的关怀和在实习工作方面的指导，在实习工作方面的指导又包含了师德培养、教育教学和融洽发展三大方面共18项内容。每一项工作内容都凝聚了学校领导、实习指导教师的服务精神和辛勤付出，也凝聚了实习生吃苦耐劳，虚心受教的优良品质和不忘初心、砥砺前行的进取精神。

讲座结束时，莫校长说：“实习生身上有很多可能，（他们）年轻，可塑性又强。未来的教育工作者，只有‘复合型人才’才能把从教之路走得更宽更远更高。”莫校长还说：“我们要不忘初心，牢记使命。记得我们当初是如何走过来的。任何人在工作中均经过见习期、实习期、成长期、成熟期、巅峰期……”

莫校长的讲座结语，勾起了我二十多年前的青涩回忆。那是1991年10月，我在惠阳师专（现为惠州学院）中文系读书，到惠州市第七中学参加毕业前的教育实习。我所在的实习队一共有8个人，我是实习队队长。惠阳师专中文系为我们实习队配备的指导老师是德高望重的姜老师，惠州七中为我们配备的指导老师是热情洋溢的黄老师。姜老师和黄老师对我们8个实习生在生活上关怀备至，在工作上严厉有加，使得我们在两个月的实习工作中收获满满，既学到了教书育人的入门功夫，又体验了“准教师”的青涩、苦累和喜悦。

在反复听课、磨课、试讲之后终于鼓起勇气走上讲台，惠州七中校运会上与孩子们为参赛学生呐喊助威，带着实习班级的学生到惠州大桥附近的芳草地上野炊，星期天从惠阳师专步行10公里到学生家里家访，某天放学后从惠州七中步行回惠阳师专时被大雨淋成“落汤鸡”，每天晚上在宿舍里认真备课、批改作业……二十多年前参加毕业实习的场景历历在目。记得那年12月实习结束后，惠阳师专中文系举办“教育实习成果展”时，特意展示了“郑旺吉实习队”的成果，展示了当时我执笔撰写的实习总结，还加上了标题《诸葛亮草船借箭——郑旺吉实习队满载而归》，让我们实习队队员感奋激动了几天几夜。无奈当时没有照相设备，没能“立此存照”，如今想起来略有遗憾。

我工作的单位——陆丰市林启恩纪念中学，是华南师范大学教育实习基地学校。近年来接纳了华南师范大学派往我校参加教育实习的好几批实习队。每批实习队在我校实习，都受到了学校在生活上的关怀照顾和在工作上的悉心指导。学校指派相关学科骨干教师和优秀班主任担任实习生的指导老师，在实习期间对实习生在学科教学和班主任工作方面实施全程的指导。华南师范大学教务处会在实习生实习期临近结束时派员到我校，与学校领导和实习生交流座谈，为实习生提出进一步的要求和建议。每批实习生都吃苦耐劳，虚心受教，收获满满。我也曾担任过几届实习生的指导老师，见证了实习生在实习过程中的不懈探索和努力进取。

“这个秋天林启恩纪念中学见证了我的成长，记载了我生命中最美好的回忆，也让我成为一名人民教师的决心生根发芽。当老师是辛苦的，但是我已经决定了，要用我的一辈子去苦中作乐。”

“实习生活虽然结束了，但我的教师生涯才刚刚开始，知识是无止境的，我会时刻不忘超越自己，面对教育事业，我会带着这一腔热忱，不断前行。”

这是某一年到我校参加教育实习后两位实习生撰写的实习心得。我想，这两段心得文字，代表了许许多多教育实习生的共同心声。

我想，教育实习指导老师，就如摆渡人，既心怀大爱，发扬无私奉献精神；又严谨细致，发挥示范引领作用。让我们共同努力，撑好“教育实习指导”这艘船，就如莫校长在讲座结语中所说的：

“我们作为一名教育工作者要让这些准教师少走弯路，尽快成为一名合格的人民教师，我们与他们一起为广东的基础教育添砖加瓦，做出自己的贡献！”

当教育遇见技术

——“信息化教学资源的集成与整合”讲座听后感

广东省陆丰市林启恩纪念中学　郑旺吉

“遇见仿佛是一种神奇的安排，它是一切的开始。”“从某种意义上来说，世间一切，都是遇见，就像冷遇见暖，就有了雨；春遇见冬，有了岁月；天遇见地，有了永恒；人遇见人，有了生命。”

那么，当教育遇见技术，会是怎样的呢？

10月16日上午，在肇庆学院教师发展中心107公共课室里，来自全省各地参加2019年广东省教育实践基地学校实践指导教师能力提升培训的近100名学员，遇见了来自湖南省电化教育馆的徐老师。徐老师为学员们带来了干货满满的“信息化教学资源的集成与整合”专题讲座。

讲座中，徐老师立足于信息化教学的具体案例，从文档处理、音视频处理与转换技能，再到教育资源的信息化运用等，通过现场示范给予学员面对面的、最刚需的、最直接的指导，赢得了学员们的阵阵掌声。三个多小时的讲座，徐老师以“当教育遇上技术……先行者的智慧”结束，引发学员们去理解，去思考，去践行。

我想，正确看待、合理运用教育信息化，那就是“先行者的智慧”。社会的进步和科技的发展，特别是信息技术的飞速发展和日益普及，为教育带来了革命性的影响，推动着教育不断创新发展。但与此同时，教育信息化也为教师的教育教学工作带来了极大的挑战，特别是对于欠发达地区的教师来说，带来的是“既爱又痛”的感受。老师们爱它具有信息量大、知识丰富、互动性强等诸多优越性；痛的是它更新换代很快，对教师素质的要求更高，老师们一时难以学会很多专业技能，致使有些学校的某些现代教育设备“无用武之地”。

作为一名中年教师，我对教育信息化是非常欢迎并认真投入学习的，无奈天资愚钝，很多都是学到“半桶水”的功夫。虽然如此，但一贯乐学好学勤学苦学的我，会经常通过聆听专家讲座的方式或者向青年教师讨教的方式，认真学习、积极运用现代教育技术。教学辅助手段方面，从最初的纯黑白幻灯片的放映、实物投影仪的运用，到后来的图文声像齐全的PPT课件制作、教学一体机的运用；学科教学线上交流分享方面，从个人博客到QQ教研交流平台，从微信公众号再到广东教育资源公共服务平台“名师工作室”的资源共享，我都会去玩一玩、耍一耍，试一试、整一整，虽然功夫不到家，但却获益匪浅，用在其中，乐在其中。

今年5月17日，我前往广州市广播电视大学参加了“基于广东省教育资源公共服务平台省名师、名校（园）长网络工作室应用”培训。学习了网络工作室前台、后台的实操技术，网络研修直播工具的实操技术。参训之后，我在广东教育资源公共服务平台“名师工作室”的资源共享运用方面较以前又有了新的提升。无奈因相关配套设施不足，让我在网络研修直播工具实操技术的学习所得无法学以致用，略感遗憾。今日徐老师为我们讲解、辅导的信息化教学资源的处理和信息化工具软件的运用，对我来说，又是一次思想的触动和观念的更新。天资愚钝的我虽然没能当堂学会，可是，我会将拷贝下来的课件带回去，好好揣摩，并请教他人，力争最大限度地做到学有所悟，学有所获，学有所用。

“生存还是毁灭，这是一个永恒的选择题。以至于到最后，我们成为什么样的人，可能不在于我们的能力，而在于我们的选择。”

当教育遇见技术，我们该如何做出选择？

“线上学习，文化抒怀”学生优秀作品展示活动

广东省陆丰市林启恩纪念中学　郑旺吉

一、案例简介

本教学案例响应教育部“停课不停学”号召，立足于我校线上教育现有资源、授课教师现代信息技术掌握程度和任教学生学情等实际。利用微信公众号推文便于收藏、可随时随地打开链接进行观摩学习的优势，将学生在参加线上学习以来语文科任教师收集的优秀作品（课堂书面作业和课外创作的音乐、书法、朗诵作品等）编辑后发布到微信公众号上，课前、课后发到班级微信群，供学生观摩学习。本次线上语文活动，以学生线上现场朗读和教师通过共享文件播放图片、音频、视频的形式相结合，以实现学生线上交流学习的效果最大化。同时，线上活动课堂以教师和学生均能简易、熟练操作的TalkLine视频会议平台，化繁为简，便于课堂上师生交流和生生交流。

二、教学设计

（1）本节线上教学课立足于语文学科的实践性特点，遵循体验性原则，以语文活动的形式呈现，以语文实践促进语文核心素养的提升，充分体现新课程标准的理念和新课程改革的要求。

（2）以语文学科核心素养“语言建构与运用”“思维发展与提升”“审美

鉴赏与创造”“文化传承与理解”四个方面的能力要求为主要内容，以广东省中小学郑旺吉名教师工作室、汕尾市郑旺吉名教师创新工作室倡导的“文化语文”理念为主线，充分挖掘线上教育中的语文学习资源，展示笔者任教班级学生“线上学习”的创作成果。

（3）活动内容结合当前线上学习的特定情境，潜移默化地培养学生深厚的民族自豪感、家国情怀、大局观念和乐于奉献的高尚的道德品质，践行社会主义核心价值观，增强文化自信，加强自我教育，涵养道德情操。

（4）体现“文化语文”学习成果，关注现实，厚积薄发的特点。前期，线上教育直播课堂上，笔者有意识地布置学生关注“线上学习”，并设置原创语文题目（含整篇作文、片段作文和语言运用等），让学生自主探究，独立完成；学生完成相关作品后，笔者精选优秀作品，编辑制作后发到“广东省郑旺吉名教师工作室”微信公众号，供学生观摩、学习，借鉴、参考。同时，布置学生充分发挥个人的聪明才智，以“线上学习”为核心，创作朗诵作品、音乐作品和书画作品等，以述说身边平常的感动，传递线上学习的信念，筑起强大的精神堡垒。有了这些积累，才有了本节课的线上语文活动的优秀作品展示。

（5）充分发挥学生自主学习、自主组织的主体作用，教师只起到协调策划的作用。整节线上活动课由语文科代表主持，主持词也由语文科代表自己撰写。教师创建直播会议课堂空间，播放有关文字材料、图片、音频和视频。

（6）尝试以线上教育的形式实施“语文活动”的教学，拓宽“语文活动”的教学途径。

三、教学实施

（一）活动信息

活动主题：线上学习，文化抒怀

策划组织：陆丰市林启恩纪念中学郑旺吉

主持人：陆丰市林启恩纪念中学高二（14）班陈伽绮

活动时间：2020年4月15日11：00—11：30

（二）活动过程

1. 主持人开场白

尊敬的老师，亲爱的同学们：

自从“线上教育”实施以来，广东省中小学郑旺吉名教师工作室秉承“文化语文”理念。工作室主持人、我们班语文科任郑旺吉老师通过线上直播和班级微信群等媒介，组织我们全班同学认真学习《乡土中国》，学习唐诗宋词，学习人物传记；同时倡导、带领我们“线上学习，以文抒怀”。同学们在线上认真学习各科文化知识的同时，利用课堂和课余时间以此为主题，创作了不少优秀的文学作品、杂感随笔、音乐作品和书法作品等。

这节线上语文活动直播课，我们将利用30分钟的时间，展示我们班同学“线上学习，以文抒怀”的优秀作品。本节语文活动直播课由郑旺吉老师策划组织，由我——高二（14）班语文科代表陈伽绮主持。

2. 展示“如何看待线上教育期间的体育锻炼”优秀作业（整篇作文）

主持人：同学们，大家都知道体育锻炼的重要意义。但是，线上学习期间，有同学说，学业压力这么大，哪有闲心参加体育锻炼？有老师说，课时这么紧，还要让学生打球跑步吗？有家长则认为，花时间运动不如参加数理化培训性价比高。对于这些问题，同学们是怎样认为的呢？对于线上学习期间如何进行体育锻炼，你又有什么好的建议呢？请听温鸿奕同学和张静宜同学的发言。

（温鸿奕同学和张静宜同学先后发言，教师在共享文件里依次展示温鸿奕同学和张静宜同学的手写发言稿）

主持人：按照温鸿奕同学和张静宜同学的建议，我们线上学习期间可以利用零散时间进行简易的体育锻炼。那么有没有相关的视频材料让我们观摩学习呢？同学们别着急，我们的体育老师林泽帆老师录制了小视频。下面请郑老师播放其中一节小视频。

（教师在直播课堂共享平台里播放体育老师林泽帆录制的“居家锻炼”小视频）

3. 展示“线上学习，文化抒怀”优秀作业（杂感随笔片段作文）

主持人：同学们，面对线上学习这一新生事物，想必同学们有很多话要说。下面，让我们听一听蔡海婷、林俞君、李佳燕和卓俊淑等同学的内心感慨。

（蔡海婷、林俞君、李佳燕和卓俊淑同学先后发言，教师在共享文件里依次展示这些同学的优秀手写作业）

4. 展示“文化抒怀，共同战疫”课外作品（音乐作品、美术作品、朗诵作品）

主持人：感谢刚才好多同学针对线上学习和体育锻炼的精彩发言。同学们，我们知道，平日里语文科任郑老师倡导的“文化语文”除了语言文字作为载体之外，还包含了朗诵、音乐、美术等载体。在这段时间，我们的同学除了以文字的形式参与“线上学习，以文抒怀”活动之外，还创作了不少优秀的音乐作品、书法作品和朗诵作品等，述说身边平常的感动，传递线上学习的信念，筑起强大的精神堡垒。同学们想知道哪些同学创作了这些作品吗？想必同学们已迫不及待地想要观摩这些作品了。热心的郑老师已将我们同学的这些作品保存在自己的电脑里了。下面我们请郑老师播放同学们的这些作品。

（教师在共享文件里依次展示这些同学的优秀视频作品、书法作品和音频作品）

5. 学生朗诵诗歌

马晓雯同学线上朗诵诗歌作品《春天已经动身》（作者：广东省中小学郑旺吉名教师工作室学员、陆丰市林启恩纪念中学蔡赞生），教师播放马晓雯同学前期录制的配乐朗诵诗歌作品《春天里的名字》。

6. 全体同学线上集体朗诵诗歌作品《春天已经动身》，教师总结发言

教师：这节课，我们在线上课堂展示了“线上学习，以文抒怀”的优秀作品，以后老师还会继续为大家提供学习锻炼和展示才华的机会。课后时间请同学们打开“广东省郑旺吉名教师工作室”微信公众号“线上学习，以文抒怀”成果展示系列链接材料，加强语文学习，增强文化自信，努力创作出更多的优秀作品，不断提升自己的语文素养。

四、教学成效与反思

（1）本节课以线上直播的方式，尝试开展线上“语文活动”，展示学生

“线上学习，文化抒怀”的优秀作品，实施广东省中小学郑旺吉名教师工作室、汕尾市郑旺吉名教师创新工作室一直倡导的“文化语文”教学理念，培养学生的大局观念、家国情怀和文化自信，实现高中语文核心素养的学习目标，基本上实现了预定的教学目标，取得了良好的教学效果。

（2）实施线上教育两个月以来，学生每日对着手机屏幕或电脑屏幕听课、做笔记、做作业，普遍产生疲倦状态和厌倦心理，感觉线上学习枯燥乏味、毫无新意。本节线上语文活动课，内容丰富多彩，形式活泼生动，一定程度上减轻了学生线上学习的心理压力和厌倦感；同时，让学生在居家学习语文的过程中也能感觉学有所获，感受到成就感，提升学生的语文素养。

（3）本节线上语文活动课，从本校线上教育实际出发，以教师和学生均能简易、熟练操作的TalkLine视频会议平台，化繁为简，便于课堂上师生交流和生生交流。不额外增加授课教师和参与学生的技术难度与压力。

（4）受线上直播教学方式（网络和时间、空间等因素）所限，课堂上无法发挥全体学生的学习主体作用；同时，交流展示的作品仅限于部分学生的手写作业、视频作品和音频作品，无法开展现场创作。

（5）因授课教师现代信息教育技术能力有限，目前只能限于运用微信公众号平台和TalkLine视频会议平台展示学生的优秀作品，今后有待加强线上教育专业技能的学习与提升，以最大努力提高线上教育的质量。

专家点评

该案例引导学生关注时事，紧紧围绕“文化语文”的主题，开展作文写作、朗诵作品创作、音乐作品创作、书画作品创作等活动，从学生创作的作品挑选出代表进行展示，并由学生主持、交流，发挥以学生为中心的教学理念，较好地调动了学生学习的积极性。（华南师范大学文学院韩后）

［本文于2020年5月18日在“华南师范大学—中小学”协调发展联盟优秀在线教学案例评比中荣获语文学科一等奖，刊发于“新师范”建设丛书《广东省基础教育优秀在线教学案例集》上册（广东高等教育出版社出版）］

风中雨里，我在云端等你

——我的线上教育故事

广东省陆丰市林启恩纪念中学　郑旺吉

春节前夕，我回了一趟十几年前住过的旧屋。

我登上木梯，踏入书房，只见屋顶角落处结满了蜘蛛网，总共一大三小有四张。大网里，一只“年长”的蜘蛛在一丝不苟地织网，另外三张小网里，各有一只小蜘蛛也在认真地织着网。我想，这该不是大蜘蛛在网络直播、小蜘蛛在线上学习吧？

此情此景，让我想起了十几年前，就在旧屋这间简易的书房里，我学会了简单地操作电脑，学会了网上搜索资料的入门技能。那年，刚刚学会了在自己创建的博客里发表教学随笔，学会了在QQ群里与各地教师交流探讨教学问题，我甭提有多高兴了。记得当时，书房屋顶角落处的蜘蛛网里一只“青年”蜘蛛在一丝不苟地“爬格子”，似乎在网上与我互动交流，在鼓励我这个对互联网后知后觉的青年教师努力学习互联网技能。一晃十几年过去了，莫非眼前的这只“年长”蜘蛛就是当年在网上与我互动交流，鼓励我努力学习的那只“青年”蜘蛛？

后来，笃信“勤能补拙”“天道酬勤”的我通过自学、培训等方式，又学会了在QQ群里开设作文教学公益讲座。近年来，我参与了好几场网络直播课堂的观摩活动，从网络直播讲座中学到了技能，开阔了视野，提升了素养。我心想：什么时候我也能成为网络主播，为我的学生进行线上授课和辅导，为青年教师们开设线上培训与研讨交流呢？

春节过后，在学校开展线上教育之初，在这方面一窍不通的我很是焦急：线上直播授课，对中年教师来说，是“老革命碰到新问题”啊！实乃形势逼人，活到老还得学到老啊！好在学校组织了信息技术专业教师为老师们进行线上授课技能培训，为老师们提供“智学网”平台，热心校友为学校提供了视频会议（TalkLine）直播平台，使得老师们可以结合自己的所学专长和任教班级的学情自主选择合适的线上教育方式。

我一直信奉“适合自己的才是最好的”。因此，我综合运用了各种平台来组织我的线上教育：通过QQ群播放教学视频，通过微信群发布链接材料，通过视频会议（TalkLine）直播平台授课和互动。在开设第一节直播课时，我的课堂出现了不少“窘”境：先是我一个人在“会议室”里等了好久，学生一个都没进来，后来语文科代表打电话给我，我才知道，原来是会议ID号没有告知学生。上课伊始，我对着电脑屏幕，像老夫子一般眉飞色舞、摇头晃脑、自我陶醉地吟诵古典诗词，只听到学生对着我隔空喊话：“老师，我们都没听到你在说什么。”原来，我的直播平台麦克风没有打开！在直播平台“共享屏幕”里打开教学课件某一页左栏的思考题，本想让学生思考、讨论后再展示课件右栏的答案，可是因为操作不当而将思考题和答案同时打开了，没能留给学生独立思考的机会。授课过程中要打开另一个课件时手忙脚乱，不知道另一个课件如何上传了。后来，热心同事小喆老师通过微信交流帮我解决了这些问题。

对我们欠发达地区的老师来说，线上教育既是新生的事物，又是严峻的考验与艰巨的挑战，更是提升现代教育技术、提高教育质量的难得的机遇，对于吾等中年大叔来说尤甚。“吾生也有涯，而知也无涯。”对于教师而言，线上教育一方面要做到教有成效，另一方面要使得学生学有所获。于是，老师们必须将其作为职业生涯中体现教育情怀和社会责任的一种全新的方式。隔屏不隔爱，云端自有情。谁说电脑屏幕是冰冷的，屏幕两端不是连接着师生之间的教学对话与情感交流吗？为了体现一个有着20多年教龄的一线教师的责任担当，连续两个多月以来，我努力提高线上教学的质量，每天借助自学与培训，对线上教育技术不断地摸索、揣摩、捣鼓，终于掌握了线上教育的一些基本技能，如今已经能够顺畅地在云端与学生一起吟咏古典诗词，学习儒家思想，走近乡土社会，探究地方风俗，畅谈人生理想……

前几天，我到学校的直播课室去上课。打开课室里的直播平台，面对着讲台下47套课桌椅，我如往常一般组织学生朗读课文、思考问题、探究交流。云端深处，传来了琅琅书声和探究交流的嘈杂声，让我感觉到，此时我不是在空无学生的课室里唱“独角戏”，而依旧是往日里在课室面对着47名学生的常态课。作为一名科任教师，通过云端，除了完成语文教学任务之外，我还参与了任教班级的线上班会课和家长会，与班主任蔡老师一起做好线上学习期间学生的思想教育工作和心理疏导工作。

线上教育，有时会突然之间遭遇网络不畅的尴尬。前几天，我在直播授课过程中，突然网络断线了。起初我还不知道，依然在自我陶醉地吟咏古典诗词，后来发现热闹的课堂突然一片静寂，这才知道是网络断线了。于是，我启动“应急方案”：打开微信“移动网络”，开启“个人热点”，很快就解决了问题。班级微信群里，有学生打出了“老师，直播课堂里看不到您的头像，听不到您的声音，可能您那边网络断线了”。此时，窗外寒风冷雨呼啸，我在微信群里回应：“风中雨里，我在云端等你！”很快，在直播课堂里，我继续组织学生赏析探究冰心的《霞》中“从云翳中外露的霞光，才是璀璨多彩的”这句话的深刻意蕴。

下午4：00，直播课结束。我信步走到阳台，摆摆手臂压压腿，伸伸脖子抬抬头。突然看到阳台的一处角落里，有一张蜘蛛网，一只小蜘蛛在网中央。莫非小蜘蛛刚才跟我联网，在旁听我讲课?

此时，寒风冷雨已消散，远处天空飘来几朵祥云。云端深处，我似乎看到了八仙过海的动态景象……

师德永驻，大爱无疆

——师德师风建设学习心得

广东省陆丰市林启恩纪念中学　郑旺吉

5月31日下午，在陆丰市教育局领导的带领下，我同陆丰市20多名骨干教师一起，乘车前往海丰县华中师大海丰附属学校，聆听2017年深圳市“年度教师”巡回报告（汕尾市专场）。

这是一场思想的盛宴，又是一次心灵的交流；既是一场学术交流会，又是一场师德报告会。登台演讲的是2017年深圳市“年度教师”——龙岗区龙城高中方静老师、坪山区坪山实验学校庄泳程老师和福田区福南小学曾海玲老师，他们与到场的汕尾市教育同人们分享了他们精彩纷呈的教育故事。三位老师广阔的教育视野、扎实的专业功底、深厚的学术理论和高尚的师德修养，无不震撼听众的内心，引发听众的共鸣。

登台演讲的深圳市“年度教师”虽然研究领域和业绩成果各有不同，但他们都有一个共同点，那就是“师德永驻，大爱无疆”。无论是方静老师的“用心，更要用爱”，还是庄泳程老师的“心有所见，眼里有人，以心交心”，曾海玲老师的“关注生命个性”，无不体现了“以生为本”，切实履行学生健康成长指导者和引路人责任的教育理念和敬业精神。

习近平总书记在十九大报告中强调了要“加强师德师风建设”，再一次为我们广大教师擦亮了心窗，指明了方向。“师者，所以传道授业解惑也。”传道，是人民教师首要的职责。作为一名人民教师，我认为要为学生传道，首先我们必须具备良好的师德师风，方能以自己崇高的理想信念和正确的人生追求去教育学生，引导学生，培养学生。所谓“为人师表，言传身教”“师德永驻，大爱无疆”是也。

近年来，我们参加了大大小小无数场师德师风专题教育活动，心中始终铭记领导对广大教职工的要求：“加强自我思想锤炼的自觉性和主动性”“主动作为，提升师德师风水平”，时刻不忘教育初心，朝夕牢记历史使命。平日里，在我们工作单位，在我们身边，无论是学校领导、中层干部，还是一线教师、后勤人员，无论是中年教师，还是青年教师，每天都勤勤恳恳、兢兢业业、踏踏实实地做好本职工作，不都是在演绎“教书育人，师德高尚”的教育教学精彩故事吗？就拿我所在的工作单位——陆丰市林启恩纪念中学来说吧，近年来涌现了一批好学力行、敬业乐群，心系学子、无私奉献的“优秀教师”和“师德标兵”，更多的是一群脚踏实地、埋头苦干，默默耕耘、甘于奉献的普通教师。正是有了这样一个师德高尚的教书育人团队的正确引领和真诚教诲，启恩中学的莘莘学子才得以启智增能，崇德承恩，健康成长，奋发有为。

听完报告会，坐车回到家里已是傍晚六点多。稍作休息后，我匆匆吃完晚餐，马上到学校参加晚修值班。七点三十分，晚修值班老师已经全部到达所在课室，冒着炎热耐心地解答学生的学习难题。课间休息时，翻阅高三年级教师微信群，只见老师们在微信群里正热聊着“林老师在课堂上为学生做高考前励志演讲”“蔡老师引导学生高考前如何理性减压”“邓老师放学后半小时还留在办公室为学生解答数学难题”等话题，老师们纷纷在微信群里点赞。其中黄老师的一句留言给予了这些心系学子、师德高尚的老师最好的评价：“钻石与黄金，都不及老师对学生的一份真诚与真心！”

当前的教育形势对教师队伍建设提出了更高的要求和更严的标准。对照有关要求和标准，我们在师德师风建设方面还有一定的差距，我们一定要提高认识，端正思想，加强自律，见贤思齐，牢记身负的责任和使命，真正做到“学高为师，身正为范”“师德永驻，大爱无疆”。就如曾海玲老师在演讲中所说：“既然选择了守望麦田，就让我们朝着生命成长的方向，用一种虔诚的态度，静听灵魂深处生命拔节的声响！”

把学习当成生活

——于嘉应学院参加工作室主持人团队专项研修有感

广东省陆丰市林启恩纪念中学　郑旺吉

“学不可以已。”《荀子·劝学》中的这句名言，千百年来激励着人们勤奋学习，不懈磨砺，提升自我。对于名教师工作室主持人来说，我觉得每次研修活动，都是极好的学习机会：向授课专家学习先进理念和研究方法，向同班学员学习团队建设和专业引领，向教师发展中心学习活动组织和沟通协调。

6月10日至12日，风雨交加，却阻挡不了我们工作室主持人团队的学习热情。这几天，“2019年广东省中小学幼儿园名教师、名校（园）长、培训专家工作室主持人团队专项研修班（梅州、河源、汕尾）”在嘉应学院集中研修。按原定计划，6月13日、14日，研修班一行老师要先后前往河源市、汕尾市考察参访几所学校，无奈受恶劣天气影响无法前行。不过，暂时留下些许遗憾，或许将来迎来的是更多精彩。

一、学员代表发言：让我知耻而后勇

开班仪式上，学员代表、来自梅州市兴宁第一中学的廖振雄副校长做了《期待遇见更值得自己敬重的自己》的发言。发言中，廖副校长首先表达了对嘉应学院省级教师发展中心的感谢，感谢教师发展中心对他专业成长的培养，以及对工作室的关心、爱护和指导。

接着，廖副校长简要介绍了廖振雄名教师工作室自挂牌以来开展的活动和取得的成果，有集中研修、网络研修、送教下乡、下水写作、联考分析、备

考研讨、征文指导和课题研究等诸多方面。能在这些方面取得诸多成果，用廖副校长的话说，是因为作为广东省中小学名教师工作室主持人，他感觉到“肩膀上又多了一份对青年教师专业引领和专业培养的责任和担当”；在主持工作室研修工作的这段时间里，他感觉到“遇到了一个更有工作热情，更有教育情怀，更有使命担当的自己”，所以，和工作室的小伙伴们结伴同行，让他不觉得孤独，反而更让他很有成就感。

廖振雄副校长一番热情洋溢的演讲，深深地震撼了我。在短短一年时间里，廖振雄名教师工作室就已取得如此丰硕的成果，实属不易啊！比照之下，郑旺吉名教师工作室一年以来虽然也开展了不少研修活动，然而在专题研讨、读书活动、网络研修、课题研究等方面，尤其在团队建设和专业引领方面，尚有许多不足之处，我需要勇于向廖副校长学习、请教。

二、教育专家讲座：使我如沐于春风

参训期间，我们总共聆听了四场以“名教师专业化成长”和“学校现代化管理”为主题的专家讲座。每场讲座都是那么精彩，那么震撼，无不深深触动我们的内心，引发我们的深思。

（一）“如何做一名资源型教师——课堂教学资源的开发与利用”专题讲座

6月10日上午，时间简短而不失庄重的开班仪式后，华东师范大学基础教育改革与发展研究所研究员刘世清博士为我们开设了“如何做一名资源型教师——课堂教学资源的开发与利用”专题讲座。刘博士的讲座包含了“资源与教学资源是什么”“教学资源的使用有误区吗”“教学资源开发的理论基础”和“如何开发与利用教学资源”四个方面内容。

刘博士从“为什么电脑键盘排列是QWERT，而不是ABCDE”的设问说起，谈及农业社会、工业社会和信息社会中学校教育的发展与资源的变化，引导学员们加强对教学资源的认识；通过列举具体的教学案例，加强学员们对基于“育人”的教学的再认识。此时，刘博士提出自己独特的教育理念：“教师增值的最好办法是从学生那里学教书”，并说证明教师价值的，“不是忙碌程度，而是教育效果。忙碌表明态度，效果表明能力。既要埋头拉车，也要抬头看路”。这几句话，引发了我们许多学员的共鸣：如今，许多老师感叹，每天从早到晚忙于教育教学工作，可是似乎收效甚微。我想，这是因为我们只顾“埋头拉车”，没有“抬头看路”吧。其实，在这方面，我更概莫能外。要改变这种现状，我们要像刘博士所说的那样：“激活学生的学习积极性”“要让学生参与到学习中”。

刘博士列举了日常教学中教学资源常见的使用误区，并告诉我们，在教育教学中，要学会把专家的理论转化成自己的思考与行动。接着，刘博士通过形象的比喻和典型的案例，向我们讲解了教学资源中的“建构主义理论”“多元智能理论”“最近发展区理论”和“做中学理论”及他从中获得的启示。最后，刘博士从教材资源、学生资源和教师资源三个方面为我们讲解了教学资源的组织与设计。最令人感动的是，在讲座过程中突然停电了。然而这个“小插曲”丝毫不影响刘博士的讲解，稍作休息后，刘博士继续他的精彩讲座，赢得学员们更加热烈的掌声。

“教育是艺术，其生命在于创新！”刘博士的讲座结语，引发了学员们的深入思考。

（二）“新时代教师队伍建设政策解读”精彩讲座

6月10日下午，华东师范大学教育学博士、嘉应学院教育科学学院教授范远波为我们开设了“新时代教师队伍建设政策解读”精彩讲座。范教授通过一个个具体的教育教学案例，为我们从师德建设、职业标准、管理改革和专业发展等方面解读建设高素质、专业化、创新型教师队伍的政策，勉励我们争做新时代“四有”好老师，体悟教师职业幸福感。

范教授的讲座，对我触动最大的是“课堂就是我的风景”这句话。联系到名教师工作室主持人这一身份，我认为这是要求我们作为名教师工作室主持人，自身必须不断加强学习，必须站稳讲台，必须展现课堂教学的独特魅力，才能发挥示范引领和辐射作用。

这时，我想起了2018年5月18日在郑旺吉名教师工作室揭牌启动仪式上，我向在场领导和各位老师所做的表态发言：“我们将以课堂为主阵地，迎接新一轮课程改革，形成教学风格，凝练教学思想，践行教学理念。引领教师们以课程改革为契机，以课题研究为途径，解决教育教学过程中出现的问题。”“课堂就是我的风景”这句话，将一如既往地贯穿于我的教育教学工作，特别是名教师工作室研修工作中。

（三）“新时代中小学名师的专业成长修炼”专题讲座

6月11日上午，我们早早来到嘉应学院成教楼204室，聆听深圳市云顶学校总校长、杨坚教育工作室主持人杨坚校长的“新时代中小学名师的专业成长修炼”专题讲座。杨坚校长的讲座，以其深厚的理论支撑、大量的教育实践、高超的演讲技巧和风趣的语言风格，赢得阵阵掌声。

杨校长为中小学名师提出了七大方面的专业修炼：形象、政治、思想、精神、情感、道德、技术，从能力、压力、动力、精力和潜力五大系统，深入浅出地为学员们讲解了学校管理、教师成长和学生发展诸多方面的原则、策略、方法等。三个小时的讲座，杨坚校长“金句”不断，让学员们久久不能忘怀。

听完杨坚校长的讲座，走在嘉应学院的校园里，我想起了《礼记·学记》中所说的：“虽有嘉肴，弗食，不知其旨也；虽有至道，弗学，不知其善也。是故学然后知不足，教然后知困。知不足，然后能自反也；知困，然后能自强也。”

（四）“精英教师的教学智慧”讲座

6月11日下午，为我们开设专题讲座的是深圳市书香小学聂细刚名校长工作室的助理曹元钟老师，讲座题目是“精英教师的教学智慧”。在讲座中，曹老师指出，精英教师在哪儿？在课堂上，在学生心中，在你、我、他之间。在成为精英教师的路上，我们必须具备四个因素：专家指路（引导）、贵人相助（帮助）、亲人支持（扶持）、对手刺激（竞争）。精英教师要研究表扬的艺术，要把课堂交给学生，要具有深厚的教学素养。曹老师的讲座，同样凭借其睿智的教育思考和高超的讲解技巧征服了听课教师的心，讲座过程中亦是掌声不断。

讲座结束后，学员们展开了互动交流。大家纷纷表示，作为名教师、名校（园）长、培训专家工作室主持人和入室学员，一定要加强学习，不懈努力，早日从普通教师成长为名教师，再成长为资源型教师、智慧型教师、学者型教师、精英教师。

三、参访林明工作室：启我静思而致远

6月12日上午，大雨滂沱，可是丝毫阻挡不了我们继续深入学习的步伐。按

照嘉应学院省级中小学教师发展中心的安排，参训学员分为三个小组，分别前往梅江区风眠小学、梅州市曾宪梓中学和平远县实验小学，开展参观校园和参加工作室分享交流活动。

我们中学名教师工作室小组，乘车来到梅州市曾宪梓中学。先是校长向我们介绍曾宪梓中学的办学理念、办学历程和办学业绩：梅州市曾宪梓中学创办于1993年，学校全面贯彻党的教育方针，坚持“面向全体、全面发展；打造精品，彰显特色”的办学理念和“自主、探究、互动、合作”的教学理念，以培育英才为己任，创建“勤俭诚信，自主发展”的校训，从“学会做人”出发，培养学生自治自立能力，取得了显著的办学成果。学校全面实施“名师工程”，树立先进教学理念，建立自主创新的校本培训机制，打造出一支思想道德、专业素养“双高”的教师队伍。

接着，该校广东省名教师工作室主持人林明老师向与会领导和教师介绍林明名教师工作室挂牌成立一年来所开展的研修活动和取得的研修成果：在“特色·极致”理念的指引下，2018年，林明名教师工作室开展了经典阅读活动、公共课题研究、跨界研修学习、高考模拟卷命制、漫谈式讲座和精准送教送培下乡等一系列研修活动，取得了丰硕的研修成果。之后，梅州市的其他几个省级名教师工作室的主持人李应聪老师、张铁城老师和廖振雄老师与大家分享了他们开展名教师工作室研修活动的“教育故事”。我们还参访了林明名教师工作室，就研修活动的开展、研修成果的提炼和研究团队的建设等方面与林明老师进行了广泛而深入的互动交流。

说起林明老师，其实我与他早在2013年11月参加“国培计划”培训时就已是同班同学。时隔五年多的时间，如今的林明老师已是梅州市语文教学的领军人物，而我还在语文教学的道路上迷茫地摸索前行。看来，我这只“笨鸟”得经常勤奋学习，才能“早入林”；得经常静思，方能致远啊！

于是，我不禁想起了2012年6月，原惠阳师专刘奇星老师为我题赠的“天道酬勤”书法作品，这四个遒劲有力的大字，将一直激励我不忘初心，勤于探究，砥砺前行！作为广东省名教师工作室主持人，我更应当知耻而后勇，知弱而图强，才能博观而约取，厚积而薄发。

静冬书页

广东省陆丰市林启恩纪念中学　蔡赞生

南方的冬夜，少了几片舒卷的雪花，却自有其深沉的格调。在书页中漫卷开来，我的冬夜，也便有了一种熨帖和慰藉。

触手可及之处，必是一沓沓书报，这里，每一行文字都是鲜活而有温度的。

我读文清丽的《咱那个》。小说呈现了一个小说家“淬炼”的状态，如当她将内心状态、内部时间、对亲人的思忆带入生活的时候，臆想之广阔和现实之狭迫之间那种质的差别也体现得十分鲜明。在小说中往事以断片形式复现，微信中“咱那个”的介入，使“我”在对侄儿的思忆中感受到一种内在的悖谬性和复杂性。小说以微信对话和回忆为结构方式，呈现出部分断片的美学特征，如记忆的无序、细节的杂陈。沉湎于思念时，那种长久占据内心的痛苦，在现实微信交流中有了投射。“咱那个”这一“精神同体”涵盖了“我”对侄子的思忆与对自己学生成长的寄望，它包含唤醒和寻找的过程。这里面，一个角度是过去的，亲情隐痛的那一部分；另一个角度是向前的，包括自己在文学中得到的慰藉，以及创作的全部经验，是建构“远方”的方式，也是作家依据经验所构筑的精神大厦。让我收获颇多的是文中张子轩留给老师的那本笔记，里面以《包法利夫人》为蓝本，提供了一个经验读者创造性阅读的有效方法，可以说这本笔记就是一部作家的成长史，或“炼成记”。

我读杨映川的《取经》，无疑这是一篇极度烧脑的小说。故事明显带有幻想的特征，带有强烈的超现实感。小说在神奇的列车中展开叙事，主人公栩栩纵身一跃跳到列车两节车厢的连接处，攀着铁护进入车厢。作者以奇异的想象写到栩栩在列车中的寻觅，和那些形形色色的人——时刻关注着的伙伴或敌人、抢夺者或保护者，一路感受那种深邃的不确切性。每个人在故事中都承担着错位的角色，最后到达“一束光”一样照亮的“近处和远方都盛开着金灿灿玫瑰一样花朵”的空间。这里没有神。一路求取的或是一本关于宇宙万物起源生长的启示之书，或是一本有关写作的书。取经的目标不仅仅是遥远的、模糊的，还是虚无的，是一个没有内容的理想状态。这是一种空白的张力极点，人们或许在以消解日常的方式热切追求着，但却无法确定是否接取。列车在高速的穿梭中推进了作者所预设的某种不确切的理想，包括产生的一种内在的吸引力。这理想状态唤醒了超出一般的向上张力。作者告诉我们，“要用一个完整的视角把所有的步骤串起来，当你串起来的时候，你会发现那就是一个故事”。理想或等同于深渊，或等同于歧途。求取的“真经”，在秘而不宣中让每一次的跳动都形成不同的版本组合。

我读王哲珠的小说《琴声落地》。小说主人公老独是生活在物质和精神都极度匮乏的乡村中众多孤独者之一，是一种极具“晦暗”“落寞”“凄凉”的人物形象；“王扬琴”则时刻处在每个孤独生命的“高光”时刻和状态，一把扬琴赋予生命更多的可能。作者在进行虚构叙述的同时，在很大程度上始终还是叙述现实的世界，在很大程度上体现出某种现实生存状态。“物”与“人”之间是对抗的，人的内心极度困苦时，物就会愈加闪亮。这里的“物”，是通过老独手中操持的扬琴来体现，“掂起琴竹，老独整个人变了，褪皮般褪去层说不清道不明的东西，琴架前的他成了月下的烟，渺远、神秘，目光蒸腾，表情游离……”只有对着扬琴时，老独的生命才是有光亮的。人与人之间的靠近实际上是远离，远离则是另一种靠近，这构成了小说中的一种常见表现形式。人追求一种对生命的肯定，或者说是一种理解的生存。小说中重在表现乡村的孤独和生存的慰藉，这种慰藉主要体现在“花旦映婵”对“王扬琴”的青眼有加；二胡老建对扬琴老独的惺惺相惜，女儿阿芝对父亲的理解支持。“走，一起走，你弹琴，我唱曲……”这一句当是天底下最美的话，无关爱情，而是孤独生命中最美的相遇。毕竟故事是故事，日子是日子，即便有瞬息的情爱，也仅是沉醉于故事中的错觉。“花旦映婵”对“王扬琴”的感情以及他们之间的默契和琴歌对和，本身就是一种高山流水、知音相遇泛起的涟漪。老独心底很清楚，“我就是弹扬琴……”但终究不被理解。从生存意义上讲，知音的交会总在相互错过中绽放刹那光亮，但又转瞬进入了不可再来的永恒等待。花旦的远嫁和二胡的逝世都是一种自然的离场，在贫瘠的生命中渴望被理解的孤独转化成了绝对的遥远和凄凉。

冬夜是被忘却的，因而让你能够更加沉静、沉醉。可以搁书房，可以“瘫”床上，可以偎枕边，甚至可以灼在电热炉旁。你不必苛求用一种姿势理解生命，只是顺心随境地反嚼人生，梳理自己走过的四十多个年头。该有的都有了，不妨从容地放过自己。

将学习进行到底

——与名教师工作室主持人和学员共勉

广东省陆丰市林启恩纪念中学　郑旺吉

“学不可以已。”《荀子·劝学》中的这句名言，千百年来激励着人们要勤奋学习，不懈磨砺，提升自我。

作为教师，要给学生“一杯水”，自己得有“一桶水”。而对于名教师工作室的主持人和学员来说，肩负着引领教师团队开展教学研究、促进专业成长、发挥示范作用的职责，理所当然地更应该加强学习，提升自我，才能不负重托，不辱使命。因此，我们必须立志做一名学习型、研究型、智慧型的教师，要将主动学习内化为一种激情，外化为一种习惯；将学习当作一种责任，当作一种追求，当作一种生活。

“工欲善其事，必先利其器。”名教师工作室主持人和学员，是教育教学领域的“能工巧匠”，承担着在学科教学研究方面发挥示范辐射作用的神圣使命。我们要始终牢记社会的重托、导师的教诲和同伴的鼓励，要将学习当作一种责任，不忘初心使命，矢志砥砺前行。唐代杰出文学家韩愈说：“师者，所以传道授业解惑也。”德国哲学家雅斯贝尔斯说：“教育就是一棵树摇动另一棵树，一朵云推动另一朵云，一个灵魂唤醒另一个灵魂。”如果我们不将学习当作一种责任，那么就会陷于无知、平庸和浅薄中，谈何“传道授业解惑”？又谈何“摇动另一棵树”“推动另一朵云”“唤醒另一个灵魂”呢？

“子曰：‘学而时习之，不亦说乎！’”《论语》中的这一句话，明确强调了人们应当具备好学求知、渴望知识的态度，且在不断学习的过程中将所学知识付诸实践，学有所获之后就能在精神上得到满足，感到愉悦。作为名教师工作室的主持人和学员，我们应当将学习当作一种追求，对自身的专业发展要抱有一种内在动力，这种动力来自自己对专业发展和专业引领的一种觉悟，一种信仰。我们要克服主观和客观上的一切困难，将每一次研修活动都当作极好的学习机会：向授课专家学习先进理念和研究方法，向同班学员学习专业知识和团队建设，向教师发展中心学习活动组织和沟通协调。研修学习过后，还要加强反思，结合实际，学以致用，用以促学，学用相长。

“书籍是人类进步的阶梯。”习近平总书记说：“读书可以让人保持思想活力，让人得到智慧启发，让人滋养浩然之气。”一个惜书如金、注重学习的团队，必然敢于在提升自我、承担责任、完成使命中谱写壮美诗篇和恢宏画卷。作为名教师工作室的主持人和学员，我们应当将学习当作一种生活：排除一切干扰，婉拒一些应酬，保持一份虔诚，拥有一种执着；静心读书，全心学习，潜心研究，诚心育人。我们要加强政治学习，提高个人的思想觉悟；要学习传统文化，提升个人的品德修养；要研读教育专著，促进个人的专业发展；要认真参加研修，发挥示范引领作用。

研修无止境，责任勇担当！只有将学习进行到底，将责任勇挑肩上，才能更好地发挥名教师工作室的示范辐射作用，使“名教师工作室”这一块神圣的牌匾熠熠生辉，光照万里！

“一花独放不是春，百花齐放春满园。”作为名教师工作室的主持人和学员，我们还必须以我们的自我学习习惯和做法引领、带动身边的教师，一起加强自我学习，提升自我素质，共同为振兴教育事业添砖加瓦，为实现民族复兴增光添彩！

［本文于2019年10月20日刊发于《陆丰教育》第11期（名教师工作室专刊）“卷首”］

牌匾在手，责任在肩

广东省陆丰市林启恩纪念中学　郑旺吉

最美人间四月天，不负春光与时进。

4月10日这一天，万里无云，阳光明媚，惠风和畅，春意盎然。怀着无比兴奋与激动的心情，我又来到了南粤名师成长的摇篮——华南师范大学。这是我继2016年6月参加广东省中小学新一轮“百千万人才培养工程”名教师培训结业典礼之后，又一次来到这里参加全省名教师、名校（园）长荟萃的一项盛典——新一轮（2018—2020年）广东省中小学名教师、名校（园）长工作室启动仪式暨主持人集中培训。

当天早上，我从华师西门进入校园，沿着绿树成荫的校道，踏着轻快的脚步，哼着欢乐的曲儿往前走，不知不觉就来到了基础教育培训与研究院办公大楼门前。此时，我倍感温馨与亲切，就如出嫁不久的女儿回到娘家一般。2012年10月至2016年6月，全省近百名中小学名教师在这里接受洗礼、历经锤炼的场景我仍历历在目，眼前还浮现着当年“百千万人才培养工程”的名教师培养对象在这里切磋教育方法、提炼教学思想、论证课题研究、展示研修成果等画面。

上午9：30，新一轮（2018—2020年）广东省中小学名教师、名校（园）长工作室启动仪式在华南师范大学（石牌校区）行政学院礼堂隆重举行。启动仪式上，广东省教育厅党组成员、副厅长王创同志和华南师范大学校党委书记朱孔军同志的重要讲话掷地有声，犹如春雷阵阵，又似战鼓声声，无不激荡着与会者的内心，鼓舞着与会者的士气。

名教师工作室主持人代表柳文龙老师《工作室：与你同舞，和你共进》的发言对我触动极大。柳老师在发言中说："我们因何而来？可以说，是为梦想而来，为教育的使命而来，为谱写工作室的美篇而来，也是带着问题和思考而来……"是啊！今日从全省各地前来这里参加盛会的名教师、名校（园）长不都是心中带着对教育的思考、肩上担着对教育的重责而来的吗？

其实，去年申报名教师工作室主持人的时候，我是有过犹豫的：年过半百，已经参加了多项省级学科教研培训，拥有了省级荣誉称号，干吗还要那么"折腾"呢？正当这些"职业倦怠"的念头在我心头掠过时，我的耳旁又回荡着参加广东省高中语文学科骨干教师培训（2012年6月—2013年4月）和"百千万人才培养工程"名教师培训（2012年10月—2016年6月）期间领导们的重托、导师们的教诲和同伴们的鼓励。继而想到：这些年来，组织选派我参加了这么高端的省级学科教研培训，不就是要我学成之后在工作岗位上发挥示范辐射作用吗？申报设立省级名教师工作室，不正是发挥示范辐射作用的最佳途径吗？其实，与参会的众多知名教师对比，我在教学思想提炼、课题研究方法和教研团队建设等方面还存在很多不足，我何不借助名教师工作室的开展多向他们学习？

最激动人心的是当天下午的授牌仪式。在激扬奋进的音乐声中，工作室主持人各自踏着坚实的步伐，昂首走上主席台，从广东省教师培训中心领导手中庄重地接过以自己的姓名命名的工作室牌匾。我接过牌匾时，感觉到它十分沉重：这既是我参加工作二十多年来专业成长的见证，又是组织赋予我的神圣职责和重大托付。双手捧着名教师工作室牌匾，我头脑中不断闪现着"专业引领、团队建设，教学思想、教育使命，不忘初心、砥砺前行"等关键词，心中细细地品味着柳文龙老师所说的"工作室，不只是诗和远方，更是努力干出来的"这句话的深刻含义。

牌匾在手，责任在肩。手捧名教师工作室主持人的牌匾和荣誉证书，我走到行政学院礼堂门口，在《广东省中小学名教师工作室联盟倡议书》上郑重地签上自己的姓名。走到礼堂门口的台阶上，我仰望着石阶旁那一棵高大挺拔的木棉树。在蓝天白云的映衬下，木棉树越发显得躯干笔直而伟岸，花朵淳朴而绚烂。毕竟时令已是暮春，木棉花已不再繁茂。然而，这棵木棉树扎根深层沃土，汲取阳光和养分，花期繁盛之后，她不正是在孕育坚实的果实，等待着明年的再度繁花满树，硕果满枝吗？

像树一样成长

广东省陆丰市林启恩纪念中学　陈兆慈

走过十几年教书岁月，学历从中师到专科到本科，工作从小学到初中到高中，一路走来倍感艰辛，但回头看看，都是一种成长——专业的成长，精神的成长。

对于一个普通教师而言，如果说可以为教育创强做点贡献的话，我想最重要的就是让自己成长起来，成长为“名师”“大师”，因为只有教师成长学生才能实现更好地成长。

1931年12月2日，梅贻琦先生在清华大学校长的就职演讲中提出“所谓大学者，非谓有大楼之谓也，有大师之谓也”。此话影响深远，成为后世办学者的一大共识。我想，大学如此，中学、小学亦然。当下教师培训甚是繁荣，诸如“省骨”“国骨”“百千万工程”“名师工程”等，这是对梅先生“大师论”的践行，是国家重视教师成长的表现，其目的就是造就一大批名师、大师。

然而成长并不是一件容易的事情，人的成长是一辈子的事情，培训也许有些作用，但更重要的是自身的努力。跟身体的成长一样，事实上不少人到了一定的时候精神也难以成长，他们的思维、学识、观点已经固化，生活中的种种原因，使得他们有意无意地放弃了成长，而且开始走下坡路。尽管不是每个人生都可以辉煌，不是每个老师都能成为“大师”，但这并不能成为教师不成长的理由。

有时我独自一人，走在校园的小路上，清新、宁静、宽阔，看看这一派郁郁葱葱，甚觉心旷神怡。隔绝了外界的喧嚣，偏安一隅，也觉得是幸运，是幸福，心中也有了力量。再看看四周的树木，经过二十几年的成长，有的粗壮茂密，有的仍似小伞；有的亭亭直立，有的弯弯曲曲，有的在地上匍匐一段再向上生长；有的独自高耸入云，有的在地上分出好几个同伴，相伴成长；有的被台风吹斜了身子，有的折断之后又冒出了新枝……这一切感觉像极了人生。天赋不同，环境不同，遭际不同，几十年后生命就呈现了不同的姿态。然而，它们把根深深扎入土里，汲取阳光、养分，努力顽强地生长，为世界添一份生机。

我们的成长不也是如此吗？生命的姿态各异，但生命的本质并无不同，我们该记住的是像树扎根土壤那样，扎根自己的事业，实现自身的成长，努力贡献自己的那份“绿”，与学生一起成长，与世界一起成长。爱因斯坦在《我的回顾》一文中有说：“许多我所尊敬和钦佩的人，在专心从事这项事业中，找到了内心的自由与安宁。”教师也应该从自己所专心从事的事业中去获得自由和安宁。

只有无数的绿才能造就一个生机勃勃的春天，同样只有无数个体的成长才能铸就集体的强大。我们不忘成长，像树一样自由、安宁、坚强、执着地成长。

身正为范，发挥身教的巨大魅力

广东省陆丰市龙潭中学　卢广毅

子曰：“其身正，不令而行；其身不正，虽令不从。”意思是，本身品行端正，就是不发命令，人民也会照着去做；本身品行不正，即使发布命令，人民也不会听从。结论是：身教非常重要，它比言教更容易被人接受。

教师要言传身教，给学生树立良好的示范作用。有人说我们老师靠的是一张嘴，这固然有一定的道理。但我觉得我们班主任在育人时，不仅要以情感人，以理服人，而且更要注重身教。其实身教的力量更巨大。教师在课堂教学中的良好形象及人格魅力，是确保课堂教学顺利进行的一个重要因素。一个富有人格魅力的老师，能够营造一种学生积极参与、气氛热烈的课堂氛围。作为一名教师应该用自己的人格魅力去影响学生，使学生从情感体验上受到良性的潜移默化的影响。

开学初，在巡堂的过程中我发现了男厕所的水龙头被某生恶意毁坏，厕所从门到四壁都被水喷洒得湿漉漉的，没有多想便走进班里对几个正在玩耍的男生说：“你们去把水龙头关上。”当时并没有人反对，我想当然地认为这是为了大家的利益，应该有人乐意去做的。但在我转身离开的同时，无意间听到有人小声地嘟囔着“老师怎么不去啊？”“怎么不叫别人去啊？”这件事最后还是通过我向后勤汇报后得到了及时解决，但是却给我带来了很多的思考：“勿以善小而不为，勿以恶小而为之”，事情不分大小，尽管他们畏惧我是年级的管理者，当面不敢反抗，但背后他们却并不服气，甚至在今后相关的事情中可能会产生对立情绪，然后蔓延开来。

在这个学期一次升旗礼前，我在年级办公室的走廊动员学生早点儿下去站队，无意中看到一个大红色的废弃塑料袋在升旗台旁随风而动，因为升旗礼是每周的一件大事，又刚好是在庄严的升旗台旁边，因而这个垃圾袋显得特别的刺眼。正在这个时候黄校长熟悉的身影跃入我的眼帘，他主动弯下腰将垃圾袋以及旁边的一些纸屑捡入了垃圾桶。我一直在想，作为学校一个领导人，在大众的仰慕中却能够俯下身子带头去做一般人所不愿做的事，以自己的人格魅力，以自己的实际行动感染并带领大家。后来我不时地看到林校长、郭主任等其他行政领导也在维护着身边的环境，而在他们的不远处有很多的学生也都自觉地弯下了腰。

学期中，我依然常常去巡堂，路过各班走廊时发现有些地方因为粗心没有打扫干净的时候我总会忍不住拿起卫生工具，有些学生随手扔掉的水瓶，我也会毫不犹豫地捡起来而心里没有丝毫的异样，反倒是孩子们主动过来帮忙，或者是很不好意思地抢过我手中的瓶罐跑去扔掉。

学期末了，水龙头再也没有被破坏过。其实我一直在想：我应该当着他们的面修一次水龙头，以此来弥补我的遗憾。

期终全体教师大会上，辛苦了一个学年的老师们又再次相聚，大家热情洋溢地谈论着今年高考中考双丰收的佳绩。会议室的墙壁上隶书遒劲地写着“德高为师，身正为范”八个熠熠闪光的大字。我在想：今天收获的喜悦不正是我们龙潭中学的老师们一个一个用自己的师德、言行，用自己丰厚的阅历去引领的结果吗？明天即将到来，龙潭中学这趟列车将向着春天继续开拔前行！

骑着电车去家访

广东省陆丰市林启恩纪念中学　郑旺吉

正月初二至今近两个月的时间里，“家里—学校—云端”三点一平面的工作和生活方式，累得我每天腰酸眼红背痛腿抽筋，很想像往常那样利用下班时间和周末休息时间骑着电车到东海小城里穿街过巷去感受现代城市的繁华和喧嚣，去重温狭窄旧巷的古朴与宁静，去观赏近郊农村的清新与自然。

机会终于来了，这几天，我接受了进行家访的任务，要到一些学生家里了解、关心学生参加线上学习的情况。我自告奋勇地承担东海街道和近郊农村的家访工作——因为我是土生土长的东海人，对东海镇的各条大街小巷都基本熟识。可是，要带上哪个班主任跟我一起去家访呢？我得好好研究一下。经过再三比对考虑，我选了小喆。一者因为小喆也是土生土长的东海人，熟悉此番家访对象的家庭住址和所在社区；二者因为小喆是一名青年教师，带上他去家访可为他提供班主任工作的锻炼机会。

出发前，我将家访对象的家庭住址等基本信息发给小喆，让他设计好科学合理的行程安排，聪明灵巧、做事干练的小喆很快就规划好了。于是，我们戴着口罩，驾着轻车，戴上头盔，就着熟路，开始了对家住东海镇内和近郊农村的一些学生进行家访。我们第一天和第二天先对家住“旧墟”片的学生进行家访，第三天到家住“新墟”片和近郊农村的学生进行家访。“旧墟”“新墟”是20世纪80年代之前陆丰人分别对陆城东河北堤片区和南堤片区的称谓。随着时代的变迁和社会的发展，如今，以前的“旧墟”“新墟”都已变成旧城区，以前的陆城南端“荒沙埔”及其周边地区已崛起为新城区。

历经三个白天和一个晚上的家访，我和小喆一共穿过了东海镇内6座桥——人民桥、金钗桥、神冲桥、龙潭桥、龙山桥和迎仙桥。一路上，我们既经过了东海大道、建设路、人民路等宽敞热闹的路段，也穿过了二五八街、三六九墟、打铁街、长春街、藏兴街等狭窄幽静的小巷，还来到了神冲村龚厝乡和城东镇东莞围等空气清新、环境优雅的社会主义新农村。我们也爬了好几栋旧式宿舍楼的楼梯，最高的8层，最低的4层。对于平日里较少体育锻炼的我来说，这是参加体育锻炼的绝佳机会啊，虽然爬楼梯让我气喘吁吁，大汗淋漓，但我心中无比快乐。

无论去到哪个学生家里，小喆都是轻车熟路在前面带路。而且，这个青年教师，在家访时与学生交流、与家长沟通的巧妙方式和端庄举止，丝毫不亚于我这个中年大叔。这让我感到无比欣慰。我表扬了小喆，小喆幽默地说："此乃'喆出于吉而胜于吉'也。"无论去到哪家门口或楼下，我们都很放心地将电动车停放在路边停车处，根本不用上锁，更不用按上报警器。到了学生家里，我们受到学生和家长的欢迎，我们也深深地为贫困学生家庭克服一切困难全身心投入线上学习而感动，如小李同学，在学校组织线上教育之初，因家里没有网络终端而无法参加线上学习，这时邻居为他提供了自家的终端，与其共用。后来，在亲友的帮助下，小李同学的家里也安装了网络终端，他更加珍惜这来之不易的学习资源而认真听课，努力学习。我跟小喆说："小李同学这种'隔壁蹭网'的学习精神不亚于古代'凿壁偷光'的匡衡啊！"

家访的最后一个晚上，当任务圆满完成时，我们将轻骑停放在文化中心门前停车位上。我和小喆徒步走到迎仙桥上观赏东河夜景。只见东河两岸灯光璀璨，流光溢彩，虽然没有平日里车水马龙的热闹景象，却也依然浸润着温馨祥和的气氛。突然间，丝丝小雨飘落下来，轻轻地洒在我们的头上。"三月里的小雨，淅沥沥沥沥沥，淅沥沥沥下个不停；山谷里的小溪，哗啦啦啦啦啦，哗啦啦啦流不停。小雨为谁飘？小溪为谁流？带着我满怀的凄清……"小喆不由得唱起了《三月里的小雨》。"不要唱得那么'凄清'，"我对小喆说："没有哪个冬天不可逾越，没有哪个春天不会到来。""哈哈哈哈……"我俩爽朗的笑声回荡在迎仙桥的上空。

"你站在桥上看风景，看风景人在楼上看你。明月装饰了你的窗子，你装饰了别人的梦。"饱读诗书的小喆又触景生情，吟出了卞之琳的《断章》。是啊，现在我们俩在迎仙桥上观赏风景，或许，在他人眼中和心中，我俩也是一道亮丽的风景……

寒假值班漫想

广东省陆丰市林启恩纪念中学　郑旺吉

2019年1月30日，农历戊戌年腊月廿五。是日也，天朗气清，惠风和畅。

早上8：30，我骑着自行车前往学校，参加寒假值班工作。进入学校大门，就听见了清脆悦耳的鸟鸣声，让人心旷神怡。前操场左侧，“社会主义核心价值观”鲜红的宣传牌在朝阳的照射下熠熠生辉。

停好我的“宝马”牌自行车，我漫步到操场中央，庄严肃穆地对着操场边升旗台上鲜红的国旗行注目礼，又回头瞻仰教学主楼上端“立志为国成才”六个浮雕大字。著名艺术家赖少其先生于1987年在启恩中学建校之时题写的“立志为国成才”这句话，30多年来激励了启恩中学的莘莘学子为建设美好家乡、报效伟大祖国而刻苦学习，勤奋探索，砥砺奋进。

已是放假时间，难得有暇可以游览、观赏在这里工作生活了20多年的熟悉的美丽校园。此时，我才感觉到人们常说的“身在美中不知美”这句话也不无道理——就如一个日夜忙碌的人，平常无暇欣赏与其朝夕相处、相濡以沫的老伴之容貌美，无暇感受其内在美一样，等到有朝一日卸下沉重的担子、放缓疾行的脚步、放松紧张的心情时，蓦然回首，才深深地感叹道：“生活中不是缺少美，而是缺少发现美的眼睛。”原来，美就在我的身边，就在日常的点滴之中！

从前操场往左，我走到B座教学楼和学生宿舍区之间的绿化区里。这里有好几棵木兰树——其中一棵高大挺拔、足有三层楼高的木兰树，是学校的“同龄树”；其他几棵是后来移植的。每年春末至夏末，木兰树上开满了洁白的花儿，馨香溢满校园，师生置身其中，无不感觉神清气爽。在中国的古代诗文中，木兰是高尚品行和纯洁情怀的象征，伟大的爱国诗人屈原就曾在《离骚》中写道："朝饮木兰之坠露兮，夕餐秋菊之落英"，以吮吸木兰花上滴落的露水表示自己不与世俗同流合污的高洁品行。漫步于木兰树下，我在深深地品味我校庄思佳老师在其抒情散文《是夜，木兰花开》中所写的"木兰于尘世一隅静静绽放着她独有的光彩，岁月在这几番的花开花落中缓缓流淌"，这句话蕴含的人生哲理。

走着走着，猛一抬头，我看到了B座教学楼一楼第五间课室，于是想起了中央电视台《朗读者》第一季第一期"遇见"的开场白："遇见仿佛是一种神奇的安排，它是一切的开始。从某种意义上来说，世间一切都是遇见……"说来很巧，我与启恩中学的第一次"遇见"，就是在这一间课室。那是1990年的7月7日、8日、9日，我参加我的第二次高考，就在这一间课室。谁都没有想到，两年后的1992年9月1日，我第一次正式走上讲台，也是在这一间课室，当时我担任初一（1）班的班主任和语文科任教师。在这一间课室里，我遇见了我教书生涯中的第一批学生，开始了教坛的苦辣与酸甜、迷茫与探索、困惑与奋进……也许是缘分的有意安排吧，在我至今20多年的教学经历中，我有好几年在这间课室里上课。

再往前走，就是宽敞大气的田径场了。红色的塑胶跑道，绿色的人工草坪，齐整的观众看台，让人眼前一亮。观众看台上端正中央，"启智""增能""崇德""承恩"八个红色大字刚劲有力，彰显着我校开启学生智力、增强各项能力、崇尚美好品德、传承感恩精神的办学理念。田径场上，有些人在跑步，有些人在踢球，有些人在跳绳……为假日的校园增添了不少生气与活力。田径场边，那一棵高大雄伟的木棉树在春晖中傲然挺立，颇有遗世独立之姿。木棉树稀疏的枝头上，木棉花蕾正以含苞待放的姿态展示着生命的顽强与蓬勃。那棵木棉树，历经了好几次的台风肆虐而依然屹立不倒，年年岁岁生枝长叶，开花飘絮，绽放美丽。田径场的另一边，屹立着几棵枝干遒劲的凤凰树。冬末春初时节，凤凰树已芳华不再，然而，在其树枝上，新绿初绽。我想，此时，凤凰树一定是在蓄积能量，准备书写6月灿烂辉煌的篇章吧？

离开田径场，我踱步来到教学主楼前方东侧的绿化区。或许是这里地势相对较低，树木经受不了近年来几次水浸的缘故吧，这里的树木相对校园里其他地方的树木长势较差。其中有一棵木棉树，是前几年“天兔”台风肆虐之后从校园其他地方移植到这里的，树干粗壮，枝叶稀疏。然而，在其稀疏的树枝上，已经结满了花苞，正在等待美丽绽放！以前，校园里、校道上有好多好多棵木棉树，可是有些被台风刮倒了、有些被雨水浸死了、有些因校道改造被砍伐了，如今留在校园里的几棵木棉树却还依旧顽强屹立，生机勃发，“年年月月花相似”。此时，我想起了宗璞在《紫藤萝瀑布》中所写的：“花和人都会遇到各种各样的不幸，但是生命的长河是无止境的……”

绕了一圈，我又走回学校前的操场。前操场旁边校友捐建的篮球场上，有来自各地的校友在打篮球。有几个校友看到我，主动上前向我问好，与我聊天。说起了以前在这里读书的经历，聊起了教过他们的老师，看到了学校近几年的发展，校友们显得深情满怀，感恩、思念之情溢于言表。想起了工作室里还有一些材料尚未整理，我踱步走向工作室。在通往工作室的小路两边，绿化区里紫红的勒杜鹃开得十分灿烂，前几年经历了几次台风袭击和雨水漫浸却依然顽强生长的紫荆树也绽放着肥厚而丰满的花朵。只是，有些花瓣被昨晚的寒风冷雨吹落在树下的芳草地上。

“美丽的梦和美丽的诗一样，都是可遇而不可求的，常常在最没能料到的时刻里出现……明明知道，你已为我跋涉千里，却又觉得，芳草鲜美，落英缤纷，好像你我才初初相遇。”我一边吟诵着席慕蓉的《初相遇》，一边踱步走向工作室……

劳动，解密生命存在之谜

广东省陆丰市林启恩纪念中学　蔡赞生

同学们：

骄阳似火，青春绽放，广阔的土地在为我们准备明天的盛宴，清爽的夏风在为我们编织成长的花环。我们又该用自己的双手去做些什么？陶渊明《劝农》诗云："民生在勤，勤则不匮。"大意为人生在世须勤奋，勤奋则衣食不乏匮。生活的本质是一场劳动紧接着另一场劳动，劳动的过程让我们体会到生命确确实实地存在。海德格尔认为，静观只能产生较为可疑的知识，操劳才是了解事物最恰当的方式，才能解密存在之谜。这几乎是一种揭示生命存在意义的哲学。

劳动，使世界开花结果，暗香流溢；劳动，使生命淬炼涅槃，破茧成蝶。

我可以在自家的园地里，鼓捣着各式各样的蔬菜、花木，有胡萝卜、西红柿、万寿菊、千日红……感谢淳厚的土地，让我在有限的空间里，恣意酣畅地挥洒汗水。

我可以在一个或许并不熟悉的农忙里，靠双手一天天种出来，劳作休憩，看天昏日色，让身心在空旷之间，细嗅稻香弥漫在空气里的味道，在劳动中感受生命存在的意义。

可是，近年来，劳动教育却渐渐缺失，对于广大青少年来说，"劳动"成了他们的短板，甚至是一个遥远的名词。就学校而言，升学成绩仍是评价学校好坏的最直接的标准，本来不多的劳动技术课程被应试科目挤占；就家庭而言，孩子是掌上明珠，是手中的宝，家务活儿不舍得让孩子做；就社会而言，勤劳致富是一种谎言，一脱成名、一夜暴富才是人们热衷追求的。客观的现实让人们对劳动敬而远之。甚至我们的同学，也不愿参加劳动，说：“我们学习这么忙，劳动太占时间了！”有的说：“科技进步这么快，劳动的事，以后可以交给人工智能啊！”对此，著名作家韩少功说：“我看不起不劳动的人。一个脱离了体力劳动的人，会不会有一种被连根拔起没着没落的心慌？会不会在物产供养链条的最末端一不小心就枯萎？会不会成为生命实践的局外人和游离者？”

是的，我们不能成为在物产供养链条最末端一不小心就枯萎的物种，不能成为生命实践的局外人和游离者。而应深刻理解劳动与青少年核心素养的内在关联，认识到劳动可以帮助我们收获生存的技能，学会与人交往，锻炼各种能力，增强社会责任感。家长在这方面也要转变观念。父母舍不得孩子受一点累、吃一点苦的宠爱心理说不定最终害了孩子。《触龙说赵太后》一文说，“父母之爱子，则为之计深远”。让孩子适当参与家务劳动，从承担家庭责任、理解社会责任的角度，才是对孩子的爱。

无数事实证明，劳动创造幸福，一分耕耘，一分收获。那些愿意付出辛勤劳动去为家人、别人和社会服务的人，生活才会更加幸福。

古人云：“一粥一饭，当思来处不易；半丝半缕，恒念物力维艰。”劳动虽然辛苦，却让我们知道，世界不仅在我们脑海中，也在我们的双手里。通过劳动，看到自己的劳动成果，该是一种怎样的心情？

劳动，闪着光，处处都是金子，处处值得珍藏。同学们，热爱劳动，从我做起，永远珍惜每一次参加劳动的机会，在劳动中解密生命存在之谜，让劳动，锤炼我们的体魄，磨砺我们的身心，为我们的人生路奠定最坚实的基础。

热爱劳动，从我做起

广东省陆丰市龙山中学　林传名

同学们：大家好！

我今天演讲的主题是：热爱劳动，从我做起。

习近平总书记曾说："中国有首歌曲叫《樱桃好吃树难栽》，幸福不会从天降，而是靠辛勤劳动换来的。"作为中学生，即使我们的学习生活很忙，很累，但也不能以此为借口，来逃避劳动。劳动是生命价值之体现，我们要做一个爱劳动的人。

正如马克思所说："劳动是人的本质。"我们看一看，不论是在缺氧的高原地带，还是在炎热的海滨城市；不论是风沙滚滚的大漠，还是大浪滔天的海边，都有着劳动者们勤劳而坚韧的身影。他们用自己的劳动，创造出美好的生活，托起明天的梦想，实现民族的伟大复兴。他们不怕严寒酷暑，不怕风吹雨打，不怕日晒雨淋，一心只为了这个民族，这个国家。他们无怨无悔，任劳任怨。

同学们，你们知道吗？毛泽东同志曾经对毛岸英说过："你在苏联的大学毕业了，这很好。但学的是书本上的知识，可以说这只是知识的一半。你还需要上一个大学，就是劳动大学。"作为一名国家最高领导者，对其子女还这样叮嘱，叮嘱他必须劳动，把劳动看作是一所大学。这是难能可贵的！因为他深深知道：劳动就是不断丰富自己的阅历，不断把自己所学的知识转化成技术和技能，使自己的生命不断强大。如果每个生命都强大了，那么我们这个民族理所当然就强大了。从原始社会到现代文明社会，"人民创造历史，劳动开创未来”是贯穿数千年历史的不变要义。

然而，我们不可否认，在我们身边还有着一些不尊重劳动的现象，如乱丢试卷纸屑，乱丢吃剩的食品，不喜欢打扫卫生，更不喜欢擦黑板……诸如此类，浅化了劳动要义，也让文明校园蒙了羞。

作为文明社会的一分子，我们应该充分尊重劳动，尊重劳动者。雨果说：“未来将属于两种人：思想的人和劳动的人。实际上，这两种人是一种人，因为思想也是劳动。”因此，我们没有理由不尊重劳动和劳动者。我们深深地感受到，劳动对人类，对社会，对民族，对国家之重要性。正如习近平总书记所说：“无论时代条件如何变化，我们始终都要崇尚劳动、尊重劳动者，始终重视发挥工人阶级和广大劳动群众的主力军作用。”这是值得我们铭记的。

同学们，我们已经处在一个日新月异的时代里。虽然劳动的方式发生了很大的改变，但是它的价值是永恒的。我们打开新中国发展史，从掏粪工人时传祥到“铁人”王进喜，从“杂交水稻之父”袁隆平到“核潜艇之父”黄旭华……一个个劳动者的身影，他们在不同时期，不同岗位留下的足迹和精神，共同谱写了一曲曲劳动之歌。他们是我们这个民族的脊梁，使得我们这个民族能够屹立于世界民族之林。

同学们，我们必须向劳动模范学习，学习他们的劳动精神，尊重他们的劳动成果。热爱劳动，从我做起。让我们都做一个爱劳动的人吧！

劳动，生活因你而美丽

广东省陆丰市林启恩纪念中学　吴振涛

同学们：

大家好！今天我演讲的题目是《劳动，生活因你而美丽》。

同学们，陶渊明在《劝农》中写道：“民生在勤，勤则不匮。宴安自逸，岁暮奚冀。”他劝人们要辛勤劳作，改善生活，创造生活。他是那样说的，也是那样做的。君不见，他“晨兴理荒秽，带月荷锄归”。

同学们，热爱劳动是中华民族的优良传统。翻开我们中国的文明史：从盘古开天辟地，到愚公移山；从丝绸之路，到“一带一路”；从技术薄弱、工业水平低下，到中国天眼、北斗卫星。无数的事例告诉我们：我们中国人的先辈运用劳动的智慧，改变了我们的生活，让我们享受今天的美好生活。然而，有的人却认为“劳动的事，可以交给人工智能”。

同学们，对于此类看法，我们不禁要问：人工智能，是不是通过人的劳动创造出来的？答案是显而易见的。难道不劳动，我们就可以享受人工智能带给我们的便捷生活吗？

鲁迅先生曾经说过：伟大的成绩和辛勤劳动是成正比例的，有一分劳动就有一分收获，日积月累，从少到多，奇迹就可以创造出来。

君不见，“世界杂交水稻之父”袁隆平，50多年来始终坚持在农业科研第一线辛勤耕耘，不懈探索？从2018年5月开始，88岁高龄的袁老先生带领他的海水稻科研团队在塔克拉玛干沙漠西缘新疆岳普湖县开辟了向沙漠要耕地的试验田。曾经的荒芜戈壁滩、重度盐碱土地，如今已被300亩的绿色稻苗覆盖。正是袁老先生带领他的团队辛勤劳作，艰苦奋斗才创造了“绿色奇迹”。

君不见，被英国《卫报》评选为“新世界七大奇迹”之一的港珠澳大桥，不也是我国无数科技人员和工人的劳动结晶吗？作为当今世界上最长的跨海大桥，它具有规模大、工期短，技术新、经验少，要求多、难点多等特点。但事实证明，中国人的智慧是无穷的，中国人的实力是强大的。港珠澳大桥的建设团队，攻克一道道难关，打造出了一座超级工程，创造出了一项世界奇迹。

君不见，如今的中国有许许多多具有劳动智慧的能工巧匠？他们凭借严谨细致的工匠精神和扎实过硬的生产技能，用劳动为国家、为社会创造了美好的生活，如中国大型商用飞机制造首席钳工胡双钱，在35年里亲手加工过数十万个精密零件，没出现过一个次品；故宫文物钟表修复师王津，修了大半辈子钟表，数百件文物在他手中起死回生；传统工艺美术錾刻师孟剑锋，为了制作出完美的作品，不断改进錾刻工具，反复实验，没有一丁点瑕疵。

亲爱的同学们，无数的事实告诉我们：劳动，让我们的生活更美。劳动创造了五千年的灿烂文化，劳动铸就了中华民族的传统美德。生活在劳动创造美好生活的今天，我们是没有理由给自己找借口不劳动的，我们是没有理由不去尊重劳动成果的。高尔基说：“热爱劳动吧。没有一种力量能像劳动，即集体、友爱、自由的劳动的力量那样使人成为伟大和聪明的人。”

作为新时代的青年，让我们秉承中华民族的劳动美德，用热情浇灌劳动之花，以信心采摘劳动之果，永远做一个热爱劳动的人，为实现伟大中国梦添砖加瓦，辛勤劳动！

我的演讲到此结束。谢谢大家！

热爱劳动，做“复兴”躬耕人

广东省海丰县彭湃中学 谢础惠

同学们：

大家好！今天我演讲的题目是：热爱劳动，做一个“复兴”躬耕人。

同学们，我们都是追梦人，我们要撸起袖子加油干，幸福是奋斗出来的。古人亦云：“不劳动，无以立。”热爱劳动是中华民族的优良传统，也应该是我们复兴中学的行为准则。今天，站在这个小小的演讲台上，我想对每一个“复兴人”说，热爱劳动，做一个“复兴”躬耕人吧！

同学们，在你们当中，或许还有人五谷不分，或许有人喜欢“葛优躺”，喜欢“佛系”，也或许我们的家长总在说“你学习那么累，劳动就交给我们，交给机器人吧”。然而，“民生在勤，勤而不匮”，劳动是财富的源泉，是幸福的源泉，劳动可以成就我们个人、国家和时代的辉煌。

劳动可以成就我们的辉煌人生。只有辛勤劳动，在自己的岗位上躬耕奋斗，才能真正实现自己的人生价值。雷锋，一个平凡的战士，却以一颗朴实无华的心躬耕出一番不平凡的业绩。路过工地，他会情不自禁地参加义务劳动，为社会主义建设添砖加瓦。是他的这种艰苦奋斗的劳动精神，使他成为众人心中一盏不灭的灯，使平凡的事迹反射出璀璨的光芒！人民解放军总司令朱德也曾深情地写道：“我应该感谢母亲，母亲给了我一个勤劳的习惯。这个勤劳的习惯使我拥有了和困难做斗争的勇气和经验。”同学们，我们从小就知道“劳动最光荣”。我们也要使自己成为“德、智、体、美、劳”全面发展的“五好”学生，劳动，躬耕，奋斗，从而实现自己的人生价值。

一个国家和时代的进步，同样是依附在劳动之上的。“谁知盘中餐，粒粒皆辛苦”，农民们通过劳动，解决全国人民的温饱问题，使得整个国家的命运得以延续；城市中的高楼大厦也不是凭空而起的，是建筑工人们一砖一瓦堆砌起来的；为国家的发展做出贡献的一个个栋梁之材，是教师们辛勤培育出来的；无数新科技产品问世，是无数科学家们利用无数个日夜创造出来的……祖国的强大，时代的进步，离不开每一位躬耕人的每一滴血汗。

诚然，就像有些同学说的，劳动很累，为什么不花钱让别人做呢？劳动是很累，但是有一些岗位总需要人坚守，总需要人付出。如果每一个人都选择安逸，那么社会该如何发展，国家该如何进步？时传祥没有因为掏粪工作又脏又累而消极怠工，而是兢兢业业地躬耕在他的工作岗位上；“感动中国”人物黄大发三十六年，为梦想躬耕，僵直了手指，沧桑了面孔，带领群众，靠着锄头、钢钎、铁锤和双手，在绝壁上凿出一条长9400米的“生命渠”，结束了草王坝长期缺水的历史。

是啊，每一位“复兴人”，每一位新时代的青年人，无数的事实告诉我们，劳动最光荣。一个个劳动者的躬耕足迹，无不展现了他们伟大的奋斗精神，谱写一支支劳动之曲。如今，国家正处于快速发展并挑战重重的时代，而我们正处于风华正茂之时，国家不需要“衣来伸手，饭来张口”的小皇帝，不需要“风吹不得，雨淋不得”的温室花朵，也不需要“头脑发达，四肢退化”的读书机器。国家需要的是能“击长空，翔浅底”，能“主沉浮”的时代躬耕人。所以，同学们，作为“复兴人”，复兴大业，任重而道远。我们要让劳动成为习惯，热爱劳动，尊重劳动，为自己，为家人，为学校，为社会，为国家，从小事做起，在“复兴”土地上躬耕，流下自己的每一滴汗水。

我的演讲完毕，谢谢大家！

不一样的平台，一样的情怀

广东省陆丰市林启恩纪念中学　吴振涛

2月2日，夜

漆黑的教学楼中有一间教室亮着灯。

教室里的吴老师正对着一体机忘我地讲着课，他时而在PPT上圈圈画画，时而在白板上画画写写，讲到重点时还激动地用二指关节敲敲黑板，好像他一转身便是一班求知若渴的学生。从20：00到22：00，录了删，删了录，20多分钟的成品微课录制了近两个小时，要不是家里人打来电话提醒，他可能还会继续研磨。

从这一天开始，学校全体高三教师就开始为线上授课做准备了。老师们的挑战就是适应新的教学模式，尽快熟悉掌握录制网课、直播授课的技能。

2月14日，夜

“滴滴滴滴滴滴”……久违的QQ新消息和请求加好友的提示音在不算宁静的夜里繁忙地响了起来。陈老师坐在电脑前已经两个多钟头了，她并不是闲来无聊想通过QQ来重温自己的青葱岁月。下周一开始，学校高一高二也要全面网上授课了。作为一名班主任，她现在正在组建QQ班级群，方便以后科任老师上传、保存上课的相关文件。同时，还要下载、试用另外几个用于上课、收集批改作业的APP。

夜已深，陈老师睡意全无，想不到自己也要当线上教学的“主播”。想到下周一要“见”学生了，不觉兴奋起来。但是关于网上学习，待处理的问题得一一想办法解决：春节之后，课堂教学转为线上教学，如何能让学生以最快的速度调整好作息和心态投入学习？如何让学生树立正确的线上学习观念，端正学习态度，增强自律性？如何引导学生家长改变观念，配合班主任监管学生的线上学习情况？如何高效远程管理班级？如何落实线上教学的反馈方式？……千头万绪，一切都是未知。但必须理出头绪，做好最充足的准备迎接未知的挑战。

3月16日，清晨

厨房里弥漫着馒头特有的麦面香味，蒸锅里的水咕嘟咕嘟地响着，锅上冒着热气。陈老师穿着睡衣，趿着拖鞋，站立在热气腾腾的炉边，拿着手机监督学生的早读。在等待馒头熟的这十几分钟里，她已经检查了学生起床上线的人数，提醒学生填报体温健康状况，公布了头天晚上批改后选出的优秀作业，并布置了早读内容。这一个多月来，陈老师学会了做几样面点，熟能生巧，如今她再不担心做包子的面发不起来了。对于远程管理班级、网上授课她也越来越得心应手。她已熟悉掌握了网课平台的操作流程，学会线上授课适当调节课堂气氛、优化课堂教学设计、促进课堂互动。她相信，一切都在慢慢地好起来。

4月9日，傍晚

“权威发布！2020年春季学期学生返校时间确定！”朋友圈被这一条信息刷屏了。终于，我们在四月天里等来春的消息。然而除了高三、初三在半个月后开学，高一、高二距离返校还有一个多月的时间，居家远程授课还将继续，只是这一次我们的期待不再遥遥无期。

“心光不灭，终将花开。”2020年，特殊的一年，给我们的生活带来极大的冲击与变化，打破了我们教育的传统教学模式。但我们的同事，却在不一样的平台，展现着同样的情怀。

红枫翠柳相成趣，培训研修正当时

——嘉应学院2020年广东省中学语文名师工作室团队联合研修日志

广东省陆丰市林启恩纪念中学　周瑞超

堤柳仍翠绿，百花犹泛香。10月的京城虽有些凉意，但依然留存着夏的气息。灿烂的阳光，习习的秋风，让人舒适惬意。好客的北京用这绝好的天气迎接我们这帮来自南方的客人，使我们的研修显得轻松快乐。而快乐的时间总让人觉得过得特别快，今天已是研修的第四天了，专家们继续为我们分享美味的“文化大餐”。

10月22日上午，杨帆老师为我们做了题为“新时期中小学学科课程·教学·教研”的专题讲座。在讲座开始前，杨老师与参训学员做了一个简短的互动：让各工作室派学员代表分享各自工作室的教学理念和学员自身的发展目标。针对学员的分享，杨老师认为工作室是优秀教师专业成长的服务平台，是青年教师迅速成长的学习平台；工作室的建设关系到骨干教师的“二次成长”，因此工作室要有自身的理论规划，每个学员也要有明晰的职业规划。

工作室如何才能发挥辐射引领作用？学员如何破茧成蝶，实现自己的“二次成长”？这都是我们亟待解决的问题。据此，杨老师根据普通高中新课程实施工作的整体部署，立足于新高考，学科的核心素养，新时期课程改革的背景，从课程、教学、教研三个方面来谈。

关于“课程”，杨老师主要从学校和教师两个维度进行阐述。她认为学校是课程真正发挥育人功能的地方，并且用非常形象的语言对学校的课程管理从三个层次进行解读。杨老师为教师课程领导力的提升提出了两条策略：①以课程视角看课程教学。②提升课程开发能力。接着，杨老师从教学和教研两个方面向我们提出了要求并为我们指明了方向。她提出教师应该进行深度学习及改进教学策略，提升自己的思维能力和综合实践能力，做好单元整体规划。其间她还就初中阅读教学存在的问题进行了详细剖析，并谈了自己对深度学习、单元整体规划、校本教研等方面的理解，还提出了相应的教学策略和改进措施。

杨帆老师的讲座，容量大，既有广度，又有深度。她站在学科的理论高度上，为我们解读了课程改革的理念。又细致入微地与我们分享了她个人的经验，为我们提高知识水平、提升教学能力、实现专业发展指点迷津，明确方向。

下午，陈金华老师为我们做了题为“新课程标准下高中语文教学评价的探索与实践”的专题讲座。他结合自己的教学经验与思考，与我们分享了语文教学评价的流程与实践。陈老师认为核心素养不是简单的知识或技能，它还包含合作能力、探究能力等。因此，在教学中，教师应该重视核心素养的养成，要以“学习任务群+人文主题”双线索组织单元。陈老师特别强调语文学科核心素养需要在真实的语文学习任务情境中综合考查。教师要注意搜集学生在语文实践活动中产生的各类材料，如测试试卷、读书笔记、文学作品、调查报告等，以此来记录学生核心素养的发展轨迹。陈老师指出，教学过程本身就是教学评价落实的过程。语文教师应根据实际需要，整合诊断性评价、形成性评价、终结性评价等多种评价方式，考查学生核心素养的发展情况。他以实用类新闻阅读为例，向我们介绍了教学评价与策略的操作方法。

陈老师的讲座既有理论的高度，又有接地气的教学范例。理论与实践相得益彰，深入浅出。一天的培训在思维碰撞中结束了，让我们受益良多，颇受启迪。

时代在进步，教育的发展应该与时俱进，要想不被社会淘汰，要想成为一名合格的骨干教师，就要更努力地提高自身的业务素质、业务水平、教育科研能力、课堂教学能力等。培训研修为教师的教育教学水平和业务能力的专业发展创造了一个很好的条件，搭建了一个很好的学习平台。有这么一个学习交流的平台，我们可以向专家老师们学习成功的经验，让我们在专业发展的路上走得坚实，走得长远。